L'any 1967
L'objecte d'art
i la cosa pública

O els avatars de la conquesta de l'espai

JEAN-FRANÇOIS CHEVRIER

The Year 1967
From Art Objects
to Public Things

Or Variations on the Conquest of Space

**FUNDACIÓ
ANTONI TÀPIES**
BARCELONA

Disseny de la col·lecció / *Design of the collection*
SALVADOR SAURA - RAMON TORRENTE
Producció / *Production*
FUNDACIÓ ANTONI TÀPIES I EDICIONS DE L'EIXAMPLE
Traducció del francès / *Translation from French*
BRIAN HOLMES, ISABEL NÚÑEZ, LLUÍS M. TODÓ

© de l'edició / *of the edition*
1997, FUNDACIÓ ANTONI TÀPIES, BARCELONA
ARAGÓ, 255 · 08007 BARCELONA · TEL 487 03 15 · FAX 487 00 09
E-MAIL fatmb@idgrup.ibernet.com

© del text / *of the text*
1997, JEAN-FRANÇOIS CHEVRIER

© de les traduccions / *of the translations*
1997, els autors

© de les imatges / *of the images*
1997, VEGAP / ROBERT RAUSCHENBERG, JOSEPH BEUYS, RAYMOND HAINS,
SHARON AVERY-FALSTRÖM, NEW YORK - ESTATE OF ÖYVIND FAHLSTRÖM;
JEAN-LUC GODARD; MICHELANGELO PISTOLETTO - P. BRESSANO; ESTATE
MARIA GILISSEN; LUCIANO FABRO; PROJETO HÉLIO OITICICA,
RIO DE JANEIRO - CLAUDIO OITICICA; ESTATE OF EVA HESSE; ADA SCHENDEL,
COURTESY ARQUIVO MIRA SCHENDEL

ISBN: 84-88786-18-2
Dipòsit legal / *Legal dep.*: B-22109-97
Impressió / *Printed by:* I. G. GALILEO

Cap part d'aquest llibre no pot ser reproduïda sense autorització prèvia de l'editor /
*No part of this book may be reproduced without prior written authorization from
the publisher.*

El seminari *L'Année 1967: L'Objet d'art et la chose publique* va tenir lloc a l'Auditori de la Fundació Antoni Tàpies, del 31 de maig al 2 de juny de 1994. Aquest llibre, que constitueix una versió ampliada del seminari, aborda la relació entre poètica i política, i explora la tensió entre dos models d'art, l'objecte i l'activitat artística, al final de la dècada dels seixanta i molt a prop del maig del 68, quan la ideologia moderna del progrés que s'havia desenvolupat a la fi de la Segona Guerra Mundial va entrar definitivament en crisi.

The seminar L'Année 1967: L'objet d'art et la chose publique *took place in the Auditorium of Fundació Antoni Tàpies from May 31 to June 2, 1994. This book, an enlarged version of the seminar, deals with the relation of poetics and politics, exploring the tension between two models of art, the object and artistic activity, in the late sixties on the eve of May '68, at the time when the modernist ideology of progress developed since the close of the Second World War entered into crisis.*

L'any 1967
L'objecte d'art i la cosa pública
O els avatars de la conquesta de l'espai

La distinció entre objecte d'art i cosa pública podria donar lloc a una llarga exposició teòrica. Però em limitaré a algunes observacions preliminars per abordar com més de pressa millor el material històric: els anys seixanta, i més exactament l'any 1967. Proposo distingir dues nocions que designen dos ordres de grandària o dos registres d'experiència. Cadascuna d'aquestes dues nocions implica nombroses distincions, que només puc resumir, o potser tan sols suggerir, esperant que el relat històric els conferirà més consistència.

Primer faré algunes precisions sobre la distinció objecte/cosa. Tot objecte és una cosa, però no tota cosa és un objecte. La polisèmia de la cosa inclou la definició de l'objecte. L'objecte és una cosa copsable. Però existeixen moltes altres coses: tot allò que s'esdevé en el món, els fets, els esdeveniments. En aquest sentit, el poeta Francis Ponge va afirmar el seu «partit pres de les coses». La majoria de les coses de Ponge són objectes, naturals o artificials. Però la primera cosa de què parla el recull *El partit pres de les coses* de 1942 no és pas un objecte, ja que es tracta de la pluja, és a dir, d'un fenomen natural i un espectacle (del qual el poeta descriu el desenvolupament). Una cosa com la pluja pot ser descrita com si fos un objecte i, en aquest cas, un objecte mecànic o un mecanisme. Però és sobretot un esdeveniment, i un esdeveniment verbal. El partit pres a favor de les coses exigeix un treball de la llengua que no pot limitar-se a l'establiment d'un fet objectiu, a una factualitat descriptiva. L'objecte existeix en un món d'objectivitat; es distingeix del subjecte, com l'objectivitat es distingeix de la subjectivitat. Però l'existència de les coses no és reduïble a aquesta relació. Tal com va observar Samuel Beckett en un text de 1948 sobre Bram van Velde, la cosa designa allò que és comú a totes les coses singulars, la «cositat». La pintura de Bram van Velde és, segons Beckett, «l'últim estat de l'Escola de París, després de la llarga recerca no tant de la cosa com de la cositat, no tant de l'objecte com de la seva condició de ser objecte». Trobem aquí un «rebuig d'acceptar com a donada la vella relació subjecte-objecte».[1] Vull precisar que Beckett tenia una sòlida formació filosòfica. Evidentment, cal relacionar aquestes frases amb el pensament desenvolupat per Heidegger a partir de Kant al seu cèlebre estudi *Què és una cosa?*

Segona observació, complementària: un objecte d'art no és necessàriament una cosa pública. L'objecte d'art és en el món, entre les coses del món, però no cal necessàriament que aparegui en públic. En la «cosa pública», sobreentenc la *res publica:* els afers públics a l'antiguitat llatina (d'on procedeix el terme «república»). L'art pot ser una activitat privada. I que ho pugui ser és fins i tot una de les seves millors garanties, almenys en les societats que reconeixen la divisió jurídica privat/públic. Per tant, situar l'objecte d'art en relació amb la cosa pública és afirmar d'entrada, però de manera implícita, que aquesta divisió funda el context cultural en el qual accepto situar el meu relat. Quan dic «la cosa pública», no parlo pas de la cosa religiosa. D'altra banda, no totes les religions accepten reconèixer la dimensió pública de la comunitat que ordenen. Hannah Arendt va insistir en «el caràcter no polític, no públic, de la comunitat cristiana».[2] Tampoc estic parlant del poder. I procuro no pensar d'entrada en el caràcter «social» del domini públic. Em conformo a introduir la dimensió pública, en passar de l'objecte a la cosa. El que m'interessa més que res és aquest pas a la dimensió pública, o la seva mera possibilitat. En certes circumstàncies, per exemple en un país que viu en un règim dictatorial, aquest pas pot resultar difícil: una activitat artística considerada subversiva pot quedar limitada a l'esfera privada, és a dir, privada de «publicitat». Però un artista pot experimentar un sentiment de privació semblant sense haver topat necessàriament amb un obstacle polític identificable. La ruptura entre espai privat i espai públic, és a dir, la reducció del privat al privatiu –per utilitzar la valuosa distinció elaborada per Hannah Arendt–, pot ser senzillament conseqüència d'una definició exclusiva i restrictiva de l'objecte d'art. L'artista es pot sentir separat, fins i tot exclòs, del domini públic en la mesura que l'objecte d'art ha quedat tan rigorosament separat de les coses del món que exclou aquestes coses. Intentaré mostrar com precisament l'art, al voltant del 1967 –i vull precisar que em limitaré a l'art occidental–, s'havia de fer més inclusiu per evitar aquell efecte de separació, cosa que comportava els seus perills.

A tall d'observació preliminar, però, encara haig de dir algunes paraules sobre la definició d'objecte d'art en si, paraules que ens duran directament als anys seixanta. Aquesta definició ha evolucionat constantment. Però em fa l'efecte que actualment cal partir d'una distinció que ha esdevingut taxativa des de principis dels anys seixanta. L'objecte d'art no és l'obra d'art. La idea d'obra suposa, efectivament, una qualitat que no es reconeix necessàriament a l'objecte. L'obra és l'*opus* llatí, o fins i tot l'*Opus Magnum* dels alquimistes: el resultat permanent d'una empresa excepcional, l'empresa en ella mateixa. L'obra és la feina, que suposa una aplicació regular, metòdica; és també i sobretot l'encarnació d'una identitat que pot sobreviure al creador, sota l'espècie de l'«obra completa», després d'haver-se constituït progressivament en un *corpus* evolutiu. Quan és considerat un creador, amb totes les connotacions teològiques que inclou aquest terme, l'artista elabora el seu art, com el mag fa màgia, i les seves obres no són simples objectes: formen un conjunt, un «món» a part. Llavors, designar aquestes obres com a objectes és banalitzar-les implícitament, devaluar-les, reubicant-les en un context de producció i intercanvi que remet al món profà, preexistent. L'artista deixa de ser un creador per convertir-se en un productor.

En els últims anys del segle XIX i al tombant del XX, a partir del moviment britànic Arts and Crafts, la celebració d'una cultura comunitària preindustrial havia portat alguns ideòlegs, inspirats pel medievalisme romàntic, a reubicar l'obra d'art en la continuïtat de l'ofici artesanal, rebutjant la divisió que es va establir al Renaixement. Per Rilke, per exemple, l'aplicació i la devoció de l'artista a la seva obra (com a l'obra divina) és similar a la paciència de l'obrer-artesà. Calia que l'obra s'afirmés ostensiblement com a artesania perquè l'artista no quedés degradat al rang de simple productor. Tanmateix, Marcel Duchamp va proposar una altra solució: l'artista conservava el seu rang, a pesar de la llegendària estupidesa dels pintors, si operava una radical desmaterialització de la seva activitat, substituint l'exercici d'un ofici per uns procediments de decisió. No hi havia altra manera de respondre a la competència de les novetats estètiques produïdes per la indústria. Duchamp reconeixia que el procés de devaluació de l'obra era ineluctable fins que no es complís la definició d'obra com a «cosa mental» (*cosa mentale*) proposada per Leonardo da Vinci. Reduir l'obra a un objecte ordinari dotat, per decisió de l'artista, d'un valor distintiu correspon rigorosament al compliment del nihilisme defensat per Niestzsche. Amb *Grand Verre*, l'obra tornava a la seva dimensió especulativa i podia reaparèixer com a Gran Obra, com a *Opus Magnum*.

Durant els anys seixanta, i fins i tot abans de l'aparició de l'art anomenat «conceptual», alguns artistes van contribuir al procés de devaluació de l'obra, de vegades referint-se explícitament a Duchamp. Podem recordar, per exemple, les primeres exposicions de Robert Morris, que es presenten com a objectes especulatius. Si ens limitem als Estats Units, cal recordar igualment el període de les instal·lacions i les performances, derivades de l'assemblage i del happenning. Les activitats de Fluxus, animat per Maciunas, a Europa i als Estats Units, també remeten a uns principis similars. Tot això deriva del neodadaisme dels anys cinquanta, marcat per la personalitat de John Cage, amic de Duchamp. Efectivament, al primer període de Rauschenberg, a principis dels cinquanta, anterior a les *Combine Paintings*, i especialment a la sèrie d'assemblages de 1952 coneguts amb la designació de *Scatole personali*, s'hi pot trobar tot l'esperit del primitivisme dadà. Aquest primitivisme es va posar de manifest l'any 1953, quan Rauschenberg va presentar als jardins del Pincio de Roma els *Feticci personali* (fig. 1) que havia confeccionat durant una estada al nord d'Àfrica. D'aquests objectes només queden unes imatges fotogràfiques, molt boniques d'altra banda, que exalten una fragilitat i una necessitat efímera, segons un mode pintoresc dictat per l'escenari.[3] No m'hi entretinc, perquè em proposo parlar del final dels anys seixanta. De tota manera, voldria subratllar un punt essencial. El que tots aquests artistes van poder trobar en Duchamp, i no solament en Duchamp, el que van poder retrobar per efecte d'una necessitat pròpia, no és tant una dimensió negativa, o negadora, com la possibilitat d'una experiència artística alliberada de les restriccions imposades per l'imaginari de l'obra. Quan l'obra autònoma, permanent, ja no és la finalitat necessària per a l'activitat artística, l'artista ja no apunta a una identitat sostreta a la finitud. L'objecte d'art pot presentar-se com una proposició contingent, limitada en el temps, o com l'accessori d'una experiència efímera, encara que hagi de prendre l'estatut ambigu d'un «fetitxe personal».

Deixant de banda la seva hipotètica eficàcia entre un públic necessàriament restringit, aquests gestos singulars, que poden aparèixer com una burla dels alts valors de la creació artística, no han d'ocultar el que van representar la recerca, la recuperació i, sobretot, la transformació del procés històric de devaluació de l'obra iniciat per Dadà. El primer manifest Dadà de Berlín el 1918 declarava: «La paraula DADÀ simbolitza la relació més primitiva amb la realitat que ens envolta; amb el dadaisme, una nova realitat pren possessió dels seus drets.» A principis dels anys seixanta, en un període de creixement econòmic incomparable amb la situació d'Europa durant la Primera Guerra Mundial, l'actualitat del nihilisme és alhora més radical i menys circumscrita. Els artistes dels anys seixanta recuperen l'alternativa entre primitivisme o revolució amb què s'havien enfrontat els dadaistes (abans que no aparegués als anys vint la gran divisió entre constructivisme i surrealisme). Es van perfilar tota mena de fórmules híbrides, fins i tot de compromisos, en la perspectiva d'una apropiació lúdica de l'espai públic, tal com la van complir finalment els protagonistes del Maig del 68. En un àmbit més restringit, l'apropiació dels mitjans de comunicació (fotografia, cinema) i de les novetats estètiques produïdes per la indústria era una manera de desfer el sistema de les arts per instaurar una relació més directa amb la realitat de què parlaven els dadaistes. El desenvolupament de l'arte povera a partir del 1967 s'inscriu en aquesta continuïtat, sobretot si el considerem un moviment internacional, més enllà del context italià. Però no s'ha d'oblidar l'enorme desplaçament que es va produir a partir dels anys cinquanta en aquest altre moviment, anterior, que va ser el pop art (si acceptem, evidentment, no reduir-lo a algunes obres canòniques o a algunes figures massa institucionalitzades).

El dadaisme, després d'un primer període de negació i insurrecció, havia estat àmpliament assimilat per la modernitat i, en particular, pel constructivisme. El 1920, l'home-màquina ja no apareixia com un objecte de burla, antihumanista, sinó com un model de l'«home nou». En l'àmbit de l'arquitectura, on el principi constructivista és evidentment essencial, ja que es tracta de construir, els primers mestres de la modernitat, com Gropius i Le Corbusier, volien prendre com a models els monuments anònims de la indústria del segle XIX. La bellesa funcional de les obres d'enginyeria es va convertir ràpidament en un dels tòpics de la modernitat. La formulació de l'Estil internacional a principis dels anys trenta, en ocasió de la famosa exposició del MOMA de Nova York organitzada per l'arquitecte Philip Johnson (deixeble de Mies van der Rohe) i l'historiador Henry-Russell Hitchcock, marcava clarament la normalització institucional de la modernitat experimental. Durant els anys cinquanta, quan el funcionalisme radical de la «Carta d'Atenes» formulat per Le Corbusier el 1941 trobava una aplicació massiva en els programes de reconstrucció i desenvolupament urbans, ja era evident que la definició de l'Estil internacional havia de ser revisada, ampliada, sobre la base d'una interpretació del funcionalisme més lliure i més experimental. El brutalisme de Le Corbusier, a la Unité d'Habitation de Marsella, havia obert el camí. A la Gran Bretanya, on van aparèixer les primeres manifestacions del pop art, els arquitectes Alison i Peter Smithson desenvolupen sistemàticament aquesta orientació, i es presenten com a partidaris d'un New Brutalism, que ha de ser més una ètica que un estil.[4] Però hi ha una diferència significativa: mentre Le Corbusier, als anys vint, publicava vistes de sitges de gra, els Smithson s'estimen més, segons diuen, col·leccionar imatges publicitàries. Si l'arquitectura moderna volia ser més inclusiva que l'Estil internacional, i si volia trencar amb el principi massa exclusiu de l'objecte construït autònom, no podia conformar-se a assimilar la bellesa dels monuments funcionals; també havia d'integrar les noves dades de la imatgeria mediàtica, on s'inventa l'estil de vida del consumidor.

El pop art americà es va imposar als anys seixanta com un moviment sobretot pictòric. Proposava una imatgeria senzilla, directa. Però va aparèixer sota el signe de l'ambigüitat, dividit entre l'art i els mitjans de comunicació. Als Estats Units, i després a Europa, les disputes sobre interpretació van ser molt intenses, i van enfrontar els que acusaven Warhol, Lichtenstein, etc., de liquidar les potencialitats expressives i crítiques de l'avantguarda, i els que reconeixien una força renovadora en un nou episodi del nihilisme. Tot ha estat dit, i també el contrari. Fins i tot es podien trobar en aquestes polèmiques els arguments del debat sobre el realisme que havia animat l'escenari parisenc un segle abans. En tot cas, ningú no negava que la pintura pop pogués correspondre a la famosa consigna de Daumier repetida per Manet, *Il faut être de son temps* (Hem de ser del nostre temps). El 1967, l'artista i activista negre Romare Bearden, que havia estat deixeble de George Grosz, encara pensava que una sàtira pictòrica dels símbols de la cultura de masses americana podia participar d'una «protesta social», encara que en aquest terreny el cinema era més eficaç que la pintura.[5] Als Estats Units, aleshores es parlava de *protest art*, més que d'art crític. A Alemanya, amb la seva forta tradició de *Kulturkritik*, la pintura pop americana va ser considerada inicialment com una contribució a la «crisi» de l'art burgès, i després com la prova d'una integració de les avantguardes artístiques en la indústria cultural.[6] A Itàlia es va produir una evolució semblant, però el llibre d'Alberto Boatto *Pop Art in U.S.A.* (Lerici, 1967) atribueix a la imatge pop un efecte d'interrupció crítica dels reflexos de consum. A França, les pintures de Warhol i Lichtenstein entraven en competència amb els objectes indígenes que duien l'etiqueta de «nou realisme», que, segons Pierre Restany, exaltaven el «folklore de l'home industrial» consagrat per Marshall McLuhan. Però el 1967, aquesta sòlida xarxa de defensa, construïda al voltant d'algunes grans figures nacionals o assimilades (Klein, Tinguely, Hains), havia caigut. Restany va publicar al número de gener de la revista *Aujourd'hui* un elogi del «nou humanisme americà» oposat a la revolta romàntica contra el progrés industrial i testimoni del «pas progressiu de la consciència planetària a un optimisme raonat». Evidentment, l'estructuralisme antihumanista i els seus ecos en l'art, i després la revolta de Maig del 68, van desmentir aquella opinió.

Fins reduït a alguns pintors americans, el pop art és indissociable d'un fenomen cultural que desborda l'àmbit de les arts. Sense voler caure en un determinisme grosser, cal restituir en un context polític i econòmic més ampli la transformació dels models artístics que va provocar el pop. És evident que el segle XIX s'allunyava a mesura que es desenvolupaven la societat de consum i una cultura de masses postindustrial. Però cal afegir que el nou ordre imperialista instaurat pels Estats Units ja no és el de les conquestes colonials portades a terme per les potències europees al segle XIX. Sobreviu la coartada d'una missió civilitzadora d'Occident, però ara aquesta missió es dirigeix essencialment contra la barbàrie moderna del totalitarisme i, més precisament, després de la derrota del nazisme, contra el comunisme. Per assegurar-se l'accés a les primeres matèries, l'imperialisme ja no necessita conquestes territorials, sobretot perquè s'ha de desmarcar del model soviètic. Ara aquest accés passa per les xarxes d'explotació i comercialització de les multinacionals. El nou ordre mundial és *made in U.S.A.*, com el somni hollywoodià, Disneyworld i els productes de consum més mediatitzats. Les llaunes de sopa Campbell i les ampolles de Coca-cola de Warhol, després de les banderes de Jasper Johns, marquen el moment en què l'objecte d'art s'emparenta formalment amb el producte, en el context d'un nou imperialisme econòmic i cultural. L'art és l'aparador internacional on l'aura de l'obra d'art es confon amb la de l'objecte-mercaderia, en profit d'una economia imperialista. El 1963, dos artistes alemanys, Gerhard Richter i Konrad Lueg (conegut actualment amb el nom de Konrad Fischer), il·lustren aquest fenomen exposant-se ells mateixos en una botiga de Düsseldorf. La seva performance es presenta com una «demostració a favor del "realisme capitalista"» sota el títol de *Leben mit Pop* (Viure amb el pop). El «realisme capitalista» és una variant alemanya del pop art en la mesura que respon al realisme socialista que és la norma oficial a l'Alemanya de l'Est. Però en el context de la Guerra Freda aquella denominació també s'hauria pogut aplicar a allò que Walter Hopps havia simplement designat, a la primera exposició que un museu va dedicar al pop art, *The New Paintings of the Common Object* (Pasadena, setembre de 1962). Per tant, retrospectivament, els «fetitxes personals» de Rauschenberg poden constituir un epifenomen d'allò que la teoria marxista va identificar com «el fetitxisme de la mercaderia».

Cal recordar que Marx va designar així la il·lusió, o «l'encantament», que resulta de disfressar les relacions socials de relacions objectives entre les coses, quan el valor de canvi atribuït al producte del treball s'encarna en l'objecte comercial. Pot dir-se que el fetitxisme de la mercaderia és la manifestació més espectacular de la «cosificació» de les relacions socials en la societat mercantil. En tot cas, és molt significatiu que aquest concepte, que havia estat reelaborat als anys vint sobretot per part d'Isaak Roubine i després apartat de l'ortodòxia comunista, es convertís en una mena de fórmula màgica dins de la vulgata sociològica dels anys seixanta. La famosa pintada *Cache-toi, objet!* (Amaga't, objecte!), en una paret de la Sorbona el Maig del 68, és una crida a l'ocultació de l'intercanvi caracteritzat pel fetitxisme de la mercaderia. Aquesta noció permet, implícitament, a Joseph Beuys criticar el model del ready-made de Duchamp. «El silenci de Duchamp —declara Beuys el 1964— ha estat sobrevalorat.» I molt més tard, en una entrevista amb Irmeline Lebeer del 1980 on insisteix sobre l'ensenyament i els límits del ready-made, precisa: «Duchamp es va apropiar d'objectes acabats, com el famós urinari que no va pas crear ell, sinó que és resultat d'un procés complex que remet a la vida moderna, basada en la divisió del treball.» Beuys aprova aquesta «important innovació», però afegeix: «Aquesta constatació no el va portar a la conclusió, clara i simple, que tot home és artista. Al contrari, es va enfilar en un pedestal, dient: "Mireu com escandalitzo els burgesos".» De manera que el gest de Duchamp era una «mistificació». Calia, al contrari, reconèixer que «l'urinari no és producte d'un sol home. Milers d'homes hi han treballat: els que extreuen el caolí de la terra, els que el transporten a Europa en barco, els que transformen la primera matèria i finalment les innombrables persones que cooperen a la fàbrica per fer-ne un objecte acabat».[7]

Arribem ara al punt neuràlgic de la problemàtica de l'objecte dins l'art dels anys seixanta. L'«objecte comú» del pop art ja no és l'objecte d'ús dels pintors de natures mortes, que pot estar revestit de valor decoratiu o carregat d'ecos simbòlics. És un producte. I un producte condicionat per una imatge de marca. Les llaunes de sopa Campbell i les ampolles de Coca-cola de

Warhol són exemplars en aquest sentit. En efecte, instauren un parentiu entre la imatge pintada i la imatge de marca, que no es pot reduir a la relació de competència entre objecte d'art i objecte industrial que va indicar Fernand Léger als anys vint. Mentre que Léger, per actualitzar el valor distintiu de l'objecte d'art, recordava que l'artista ha de ser capaç d'acceptar el desafiament del «bell objecte industrial» i realitzar-ne un «equivalent», sense caure en la imitació, ja que «el valor realista d'una obra és perfectament independent de qualsevol qualitat imitativa»,[8] Warhol, per la seva banda, desenvolupa un realisme fundat en la reproducció. És tan poc «imitatiu» com Léger, excepte pel fet que ell reprodueix la imatge d'un producte en comptes d'interpretar la forma d'un objecte.

A partir del moment en què Warhol va substituir l'aplicació manual d'un pigment per la serigrafia, el treball pictòric es va acostar encara més al model de la producció mecànica i industrial. Ara depenia d'operacions conceptuals, d'opcions i de procediments de fabricació. L'esdeveniment pictòric ja no era resultat d'una gestualitat, com en l'abstracció anomenada «expressionista», sinó dels accidents de la reproducció. Aquesta actitud es troba també en Gerhard Richter, en Sigmar Polke, en tots els productors d'imatges que van acceptar el model de la reproducció per transformar-lo. Richter, per exemple, no copia ni imita fotografies; pinta quadres fotogràfics (*tableaux*), que ell defineix com a fotografies realitzades per mitjà de la pintura. Així es va anticipar al fotorealisme aparegut a finals dels anys seixanta, i que no va ser mai sinó una radicalització dels principis afirmats per Warhol: indiferència, neutralitat, refús del comentari. En efecte, la fórmula lacònica *no comment* resumeix tot allò que, als anys seixanta, participa de la negació de l'empatia i la sensibilitat. El crític Ivan Karp parlava el 1963 d'*Anti-Sensibility Painting*. El pintor fotorealista Richard Estes insisteix en això quan declara en una entrevista del 1972 que el problema amb el pop art, al qual ell deu moltes coses, és l'excés de comentari (*too much comment*) i el joc intel·lectual sofisticat (*a very sophisticated intellectual game type thing*).⁹

Efectivament, l'any 1967, en els inicis del fotorealisme americà, la imatge pictòrica s'havia acostat tant a la imatge mecànica com l'objecte d'art a l'objecte ordinari. De tota manera, cal precisar que en aquell moment existeix una enorme distància entre el primitivisme heretat de Dadà, tal com es manifesta en el moviment Fluxus (en un George Brecht, per exemple, o naturalment en Beuys) i els últims avatars del model pop. George Brecht utilitza una cadira ordinària com a suport d'un «esdeveniment». No intenta produir cap fet visual. *Grosso modo,* es poden distingir dues actituds contràries. D'una banda, els artistes de l'objectivitat literal, que rebutgen tota interpretació metafòrica. De l'altra, els que utilitzen un material agafat de l'entorn quotidià per produir distàncies imaginàries, fins i tot un veritable contagi metafòric. En el cas de Beuys, per exemple, un tros de greix posat sobre una cadira no és un fet plàstic reductible a la combinació dels seus elements formals i materials. La senzillesa de la proposició no és pas un fi en ella mateixa. Els constituents de l'objecte tenen una funció d'elements simbòlics. I cal entendre «elements» en tots els sentits del terme, des de la definició d'una estructura fins a la indicació d'un principi natural constitutiu de la realitat física i que en determina les propietats. El 1967, igualment, el pintor Robert Ryman presenta a la Paul Bianchini Gallery de Nova York la seva primera exposició personal: la sèrie *Standards.* Ryman rebutja la imatge (*picture*) i l'il·lusionisme, però pretén ser «realista», en la mesura que condensa materialment en el quadre els paràmetres de l'activitat pictòrica, i compta amb el plantejament de l'exposició per completar aquesta experiència. El 1973, es pretendrà «romàntic», com Rothko, considerant que l'activitat pictòrica, en tant que experiència, no pot quedar sotmesa a una idea o una teoria prèvia, com tendeix a produir-se en els procediments deductius de tipus «matemàtic».¹⁰ Aquell mateix any, Gerhard Richter, que treballa sobre la realitat de la imatge fotogràfica, contra l'il·lusionisme, es declara pròxim a Ryman. Reivindica l'herència del romanticisme i afirma que pinta «quadres històrics», desmarcant-se dels fotorealistes que «representen tot el món actual, amb els seus cotxes, les seves autopistes, etc.»[11]

Es pot dir que l'actitud més compartida pels artistes d'avantguarda als voltants del 1967 és una mena de mística del real. En efecte, mai no s'havia parlat tant del real, com si calgués oposar la certesa immediata d'una presència física, material, a una inflació d'objectes, d'imatges i de signes. Aquesta mística del real de vegades seguia camins ben diferents. Aquí també es poden distingir dues orientacions principals, i fins i tot dues posicions extremes. D'una banda, el principi de l'autonomia del fet artístic, propi de la modernitat, condueix a un hiperreduccionisme. A l'altre extrem se situa la fórmula de Beuys: «Tot home és un artista.» El pintor Ad Reindhardt va establir la forma radical, fins i tot definitiva, del reduccionisme. Des del 1953 fins a la seva mort el 1967 només va pintar quadres negres, que havien de ser «les últimes pintures que hom pogués fer». El seu manifest del 1962, «Art-as-art», és l'exposició d'una definició última de l'exclusivisme artístic, que es presenta com un credo dogmàtic. Ad Reindhardt pren la figura del primer heretge de la història del dogma modern americanitzat per Clement Greenberg. Cito el començament del text: «L'única cosa que es pot dir sobre l'art és que és un. L'art és art-en-tant-que-art i tota la resta és tota la resta. L'art-en-tant-que-art no és més que art. L'art no és allò que no és art.»[12] Reduït al seu límit extrem de possibilitat, l'art és en ell mateix un límit; es defineix definint tot allò que li és exterior. Aquí reconeixem aplicades a l'art les velles discussions teològiques sobre els fins últims de l'home. La solució proposada és sobretot una perfecta tautologia: la definició de l'art consisteix en el treball mateix de la definició. Bona part de l'art anomenat «conceptual», començant per les especulacions de Joseph Kosuth, s'enfonsarà en aquesta via. Al mateix temps, hi havia en tot això un desafiament que calia acceptar, un límit que calia ultrapassar, per desplaçar l'activitat artística en un camp exterior al quadre. El límit era clar, perquè corresponia exactament a la definició del quadre. Per tant, no ens ha d'estranyar que els minimalistes, que venien després de Reinhardt, volguessin repensar l'objecte en termes de transformació de l'espai, com una manera de constituir un lloc. Els neons de Dan Flavin són característics. Però potser encara més les primeres *floor pieces* de Carl Andre, constituïdes per plaques de metall agrupades en forma de tauler d'escacs, que daten del 1967.

Aquell mateix any, el crític Michael Fried publica a *Artforum* el famós assaig «Art and Objecthood», en el qual denuncia la teatralitat de l'art «literalista», responent als textos i declaracions de Tony Smith, Robert Morris i Donald Judd. Com a bon deixeble de Clement Greenberg, Fried designa com a teatralitat tot allò que contradiu l'antiil·lusionisme i l'autonomia de l'obra moderna. En aquesta condemna del teatre que corromp, que perverteix, ressona evidentment una forta tradició puritana, iniciada per la *Lettre sur les spectacles* de Jean-Jacques Rousseau. Hi llegim, per exemple: «Les expressions artístiques degeneren a mesura que es converteixen en teatre.» Després apareix l'espectre de l'art total, és a dir, «la il·lusió que les barreres entre les diferents expressions artístiques s'estan esfondrant». El teatre és «allò que se situa entre les formes d'art»; permet apartar «els conceptes de qualitat i de valor», que només tenen sentit «en el marc de cada forma d'art individual».[13] Però el que m'interessa ara no és pas el dogmatisme de Fried, del qual Robert Smithson es va burlar amb molta gràcia en una nota dirigida al redactor en cap d'*Artforum*. És més aviat la seva lucidesa. En efecte, es pot anomenar «teatral», ha estat teatralitzada, tota forma simple, geomètrica, constituïda en objecte, que sembla haver estat extreta del pla pictòric, com per un efecte d'alliberament del límit del quadre. Pot ser anomenat teatral el lloc, l'escenari, on l'obra renuncia a la seva autonomia extraterritorial i presenta a l'espectador una estranya pertinença al món dels objectes. Parlo d'estranya pertinença pensant en l'*Unheimlichkeit* freudià, que François Roustang va proposar que en francès es traduís per *l'étrange familier* (allò que és estrany i familiar). En efecte, el que les peces d'acer negre de Tony Smith introduïen a l'espai públic era ben bé l'*Unheimlichkeit*, i Michael Fried va sentir-se'n trasbalsat: «Penso en aquestes peces –va declarar l'artista– com en llavors o gèrmens susceptibles d'escampar la malaltia. (...) Són negres i probablement nocives. L'organisme social no pot pas assimilar-les si no és en espais abandonats, en descampats, a les fronteres incertes del seu territori, als llocs apartats de qualsevol recerca del benestar –zones de perill no delimitades, excavacions i sostres sense vigilància.»[14]

Aquesta declaració és notable. Es comprèn que Tony Smith fos la «bèstia negra» de Fried. Aquest no sap la raó que té quan denuncia l'antropomorfisme de les estructures buides de Smith. En efecte, el que tenen de malèfic i contagiós és resultat d'una experiència mòrbida de la infància. Smith estava afectat de tuberculosi i havia passat els seus primers anys apartat de la família, en una caseta construïda darrere de la dels seus pares. Explica que li portaven els medicaments en unes capsetes que ell utilitzava per construir uns poblats com els dels indis pueblo.[15] D'aquesta manera, Fried defineix com un literalisme teatral allò que en realitat procedeix d'un contagi de l'objecte metafòric. Sota l'aparença d'un domini de l'objecte o d'allò que Fried anomena *objecthood*, les estructures «nocives» de Smith operen sobretot un desplaçament metafòric de l'experiència privativa en l'espai públic. Apartat inicialment de l'espai familiar, privat del primer accés a la vida pública, Smith projecta aquesta experiència en l'estructura de l'objecte d'art, denunciant per això mateix una patologia social fundada en l'exclusió. L'objecte d'art, en la seva estranya pertinença al món dels objectes, és la cosa que revela, o si ho preferiu, que escenifica, que teatralitza aquesta patologia, associant l'expressió del símptoma amb el procés de cosificació.

Fried no s'havia equivocat. Tony Smith va ser l'antimodern per excel·lència: el que va revelar la patologia d'una definició exclusiva de l'autonomia artística. Clement Greenberg havia sostingut que la modernitat s'havia separat de l'il·lusionisme, però també i sobretot del domini de l'objecte, en la mesura que havia de resistir-se al kitsch. Els pintors de l'Escola de Nova York, com ara Pollock o Barnett Newman, havien trencat radicalment amb el model del quadre de cavallet, i per tant amb el quadre-objecte, al qual els cubistes encara estaven lligats. Per Greenberg, aquella ruptura havia permès l'adveniment d'un art purament òptic, que podia manifestar i exaltar les pures condicions espaciotemporals de la subjectivitat. Fins i tot l'escultura s'havia de desmaterialitzar per «allunyar-se de la lògica estructural de les coses vulgars i ponderables».[16] D'aquesta manera, l'assemblage neodadà dels anys cinquanta i el moviment del pop art als seixanta marcaven un retorn a l'objecte, que només podia ser una regressió. Sense insistir en el criteri òptic, Fried confirma l'essencial d'aquesta argumentació. Segurament pensant sobretot en Frank Stella, veu aparèixer cap al 1960 una situació desconeguda per la modernitat, però sorgida del principi de la literalitat antiil·lusionista, transformat en dogma literalista: «la possibilitat de veure les obres d'art com a *res més* que objectes.» El mèrit de les escultures d'Anthony Caro consisteix per Fried en la seva capacitat de «resistir-se» a aquesta reducció. L'espectre de la teatralitat és doncs el retorn d'allò que la modernitat havia rebutjat: l'escena dramàtica de la cosificació, que assimila l'objecte d'art a les «coses vulgars i ponderables» de què havia parlat Greenberg. Però Fried no aborda aquest tema, tal com es nega a parlar del pop art. Quatre anys abans, Thomas Hess ja havia definit i denunciat com a «teatral» la manera com l'ambigüitat de l'objecte-simulacre pop pressuposa un públic, i fins i tot un públic ampli. Fried es conforma a mencionar en una nota que la teatralitat del literalisme és gairebé general en l'art contemporani, ja que se la pot trobar, menys domada, en Kaprow, Cornell, Rauschenberg, Oldenburg, Flavin, Smithson, Kienholz, Segal, etc. El seu idealisme el cega. Només veu el drama comú de la finitud, al qual s'oposa el do excepcional de la gràcia.

Encara hi ha un altre punt a «Art and Objecthood» que m'agradaria comentar. Fried subratlla que el cinema «per la seva mateixa naturalesa escapa totalment al teatre», ja que no posa l'actor en escena físicament, davant de l'espectador. Aquesta fórmula és més que trivial, és un tòpic entre els teòrics del cinema. Però em sembla interessant subratllar que és la idea que un Jean-Luc Godard o un Glauber Rocha, durant els anys seixanta, es van esforçar per desmuntar. Godard no va cessar de repetir que volia integrar el teatre –i el documental– en la ficció cinematogràfica. El 1962, l'època de *Vivre sa vie*, que és un film al·legòric sobre la prostitució com a cosificació, Godard parla de «teatre-veritat», de «realisme teatral». La pel·lícula està dividida en dotze «quadres», com al cinema primitiu, per accentuar, diu l'autor, «l'aspecte de teatre, l'aire brechtià». La relació del cinema amb la pintura, que per ell és essencial, tal com demostrarà a *Passion* (1981), s'articula en la noció d'un *tableau vivant*, que també remet al model teatral. Per això l'últim quadre de *Vivre sa vie* havia de ser, diu Godard, «més teatral que tots els altres», quan condemna la prostituta Nana al paper d'un model víctima de la semblança pictòrica. És segur que Godard no es va interessar mai de debò per l'art contemporani, amb l'excepció del pop art, i particularment les imatges extretes dels mitjans de comunicació. La modernitat vista per Greenberg encara li resulta més aliena. Però això no ha d'ocultar la separació essencial. Quan Godard realitza *2 ou 3 choses que je sais d'elle* (fig. 2), el 1966 –que es distribueix el 1967–, el seu objectiu inclusiu és l'exacta antítesi de l'hiperreductivisme de la modernitat tardana. Així pot integrar al cinema un model teatral i escenificar en les seves pel·lícules la història dialèctica d'una teatralitat cinematogràfica. «En una pel·lícula s'hi pot ficar de tot –diu Godard–. En una pel·lícula s'hi ha de ficar de tot. Quan em pregunten per què parlo o faig parlar del Vietnam, de Jacques Anquetil, d'una senyora que enganya el seu marit, jo remeto la persona que em fa aquesta pregunta a la seva quotidianitat habitual. Allà hi ha de tot. Tot hi està juxtaposat. Per això m'atrau tant la televisió. Un noticiari televisiu fet amb documents ben triats seria una cosa extraordinària.»[17]

El 1966-1967, quan l'estètica pop, que havia estat particularment «expansionista» (Lawrence Alloway), ja està absorbida per la producció dels mitjans de comunicació, en la qual s'havia inspirat inicialment, Godard atribueix al cinema una teatralitat capaç d'integrar i criticar els mitjans de comunicació. Això es nota particularment a *Masculin-Féminin*, que descriu la generació dels «fills de Marx i la Coca-cola» o, dit d'una altra manera, la generació de Brecht-Warhol. A les arts plàstiques, el pas de l'objecte d'art a la cosa pública es produïa segons dues línies de vegades convergents, com al cinema de Godard: la integració mediàtica, amb tota la seva ambigüitat (integració dels mitjans de comunicació i pels mitjans de comunicació) i la teatralització protestatària o crítica. Ja he indicat que a l'Amèrica contestatària dels anys seixanta, la idea d'un art de protesta tendia a confondre's amb la d'un art crític, menys immediat, més distanciat. La teatralització de la paraula i del gest contestataris, associada a l'estranyesa del simulacre tret de la vida quotidiana, formava la principal alternativa a una cultura burgesa centrada en la perpetuació dels grans valors d'un art contemplatiu. Evidentment, aquests valors estaven més arrelats a Europa que als Estats Units; Clement Greenberg mostrava com en realitat s'havien adaptat al context americà, i l'autor els atribuïa una funció de resistència a la cultura de masses, dominada segons ell per la vulgarització kitsch dels models burgesos. Una altra concepció de l'art, més antropològica que estètica, recusava aquesta confrontació dogmàtica i es negava a limitar les seves intervencions en la cultura contemporània a l'ampliació d'una herència formal. Aquesta concepció distinta va ser identificada amb el moviment pop. Era essencialment teatral, com podia ser-ho un espectacle de rock, un happening o una «demostració» política. Pot resumir-se amb la història del Living Theatre i el seu èxit escandalós que va inspirar grosseres imitacions comercials com la comèdia musical *Hair* que es va muntar a Broadway.

El teatre anomenat «alternatiu» va acabar constituint un model artístic, ja que permetia conjugar protesta i crítica, en associar les activitats d'un comunitarisme underground o nòmada i el realisme de tipus brechtià. Aleshores el carrer va aparèixer com un lloc teatral ideal, tant si se'l considerava un escenari obert o bé un decorat pop ple de signes: Main Street i Fremont Street a Las Vegas, lloats per l'arquitecte Robert Venturi (*Complexity and Contradiction in Architecture*, 1966). Aquí, la fotografia i el cinema van jugar un paper fonamental. Venturi funda la seva reavaluació de l'entorn pop en unes fotos publicades com a prova per Peter Blake, el 1964, a *God's Own Junkyard*. El 1967 és l'any de l'exposició *New Documents* al MOMA, que associa Diane Arbus amb els dos *street photographers* Lee Friedlander i Garry Winogrand. Aquell mateix any, el filòsof francès Henri Lefèbvre redacta *El dret a la ciutat*, on parla de «teatre espontani», de «la ciutat efímera, apogeu de tot el que és lúdic, obra i luxe suprems», fingint ignorar, en nom de la dialèctica, allò que distingeix l'activitat lúdica de l'obra (i confonent l'alegria espontània amb el plaer programat de les masses a l'Exposició Universal de Montreal). Però aquesta mena de confusions era freqüent entre els cercles d'esquerra nostàlgics de l'art de carrer revolucionari dels anys vint.

De tota manera, actualment es poden recordar algunes distincions. El carrer dels plafons lluminosos no és el dels barris industrials i deshabitats del baix Manhattan, ocupats per la bohèmia artística novaiorquesa dels anys cinquanta que va tenir la seva imatge emblemàtica amb la instal·lació de Claes Oldenburg *The Street* (1960), inspirada en Dubuffet i l'art brut. L'apropiació de l'entorn comercial per part de Robert Venturi i Denise Scott Brown –que publiquen un primer esbós de *Learning from Las Vegas* el 1968– combina l'afectació dandi amb una crítica dels gestos heroics de la modernitat tardana; i aquesta crítica podia relacionar-se amb les protestes contemporànies contra els efectes de la segregació racial de la renovació urbana. Però la crítica no té la immediatesa de la protesta. Així mateix, el dandisme no és pas la bohèmia, i encara menys la bohèmia revolucionària, tot i que de vegades hagin ocupat el mateix entorn cultural. La crítica de l'Estil internacional podia acceptar-se dins del recinte del MOMA, que d'altra banda va publicar *Complexity and Contradiction in Architecture*, perquè representava les formes respectables de la discussió erudita; tal com hi podien ser exposades les fotografies de Friedlander i Winogrand. L'espectacle del carrer feia temps que havia entrat al museu. Però és al carrer on havien tingut lloc les protestes socials i les revoltes contra la segregació.

L'any 1967, al moment en què Lichtenstein pintava uns quadres més aviat abstractes i construïa escultures, tot plegat molt «modern», en homenatge a l'art déco i als anys trenta, Allan Kaprow, inventor del happening, subratllava el «preciosisme» del pop art, que es caracteritzava inicialment per una nostàlgia de la cultura popular dels anys trenta. Per tal de «superar el seu preciosisme», el pop art havia de sortir a l'aire lliure (*it must move out in the open*), perquè «el seu lloc és als carrers», a les barraques de fira, a les parets plenes de cartells amb els rostres enormes de les estrelles de cine.[18] Però això només era un desig ple de bones intencions, o l'indici d'una nostàlgia militant, que lamentava la desaparició del teatre espontani de la ciutat efímera. Per això, a la mateixa època, un cert nombre d'artistes anomenats «conceptuals» van començar a desenvolupar accions més crítiques, menys sentimentals. Dan Graham, el més pop dels primers artistes conceptuals americans, s'interessava pel rock i per les revistes comercials menyspreades per la cultura erudita, per a les quals «concebia» uns articles que se suposava que produïen i exposaven sobre la pàgina una estructura d'informació crítica, com per exemple «Homes for America», publicat, a falta d'un suport d'àmplia difusió, a *Arts Magazine* (número de desembre 1966-gener 1967). Amb això, Dan Graham pretenia oposar el model del producte de consum llençable (*disposable*) a l'objecte d'art durador, d'una manera més radical que no ho havia fet el pop art. En el registre de l'efímer, la informació crítica, és a dir, la posada en forma reflexiva d'un producte mediàtic, substituïa l'esdeveniment teatral protestatari. De tota manera, alguns artistes, com el suec Öyvind Fahlström, que va arribar a Nova York el 1960, van mantenir les dues actituds, i es van negar a considerar la integració mediàtica com una alternativa crítica a l'acció protestatària. Fahlström era artista-periodista-activista, pintor, cineasta documentalista, i autor dramàtic. Menys americà, més internacional que Warhol, el 1967 va aconseguir projectar el joc poètic sobre el pla mòbil, literalment flotant, d'un quadre planetari, *The Little General (Pinball Machine)* (fig. 3), constituït per peces mòbils sobre una bassa d'aigua).

* * *

El 1967 és un any important per a Godard. Presenta *Made in U.S.A.* el gener, i *2 ou 3 choses que je sais d'elle* el març. Després filma *La Chinoise*. Aquesta pel·lícula obre per al cineasta el que s'ha denominat els seus «anys Mao». Posa en escena els futurs actors del Maig del 68, en particular els estudiants de la universitat de Nanterre, d'on partirà la revolta. Pot ser definida com un exercici de teatre filmat, concebut segons el mateix esperit que les obres didàctiques de Brecht. Amb ocasió de l'estrena al Festival d'Avinyó, al juliol, Godard va publicar aquesta breu declaració en forma de «manifest»: «Cinquanta anys després de la Revolució d'Octubre, el cinema americà regna sobre el cinema mundial. No es pot afegir gaire res a aquest estat de fet. Llevat que nosaltres, a la nostra petita escala, també hem de crear dos o tres Vietnams al si de l'immens imperi de Hollywood-Cinecittà-Mosfils-Pinewood, etc. i, tant econòmicament com estèticament, és a dir, lluitant en dos fronts, crear cinemes nacionals, lliures, germans, camarades i amics.» Aquest petit text reflecteix perfectament la dominant antiimperialista que va caracteritzar la política de les avantguardes artístiques al moment de la Guerra del Vietnam, tant a Europa com als Estats Units, quan buscaven els seus models als combats d'alliberament del Tercer Món i a la revolució cultural xinesa promoguda per Mao Zedong.

A Itàlia, les primeres manifestacions de l'arte povera, aquell mateix any, no adopten cap caràcter immediatament polític. Així i tot, en el número de novembre-desembre de la nova revista *Flash Art*, Germano Celant, convertit en portaveu dels artistes que ell havia aplegat sota aquesta denominació, publica un article titulat «Arte Povera - Appunti per una guerriglia». En un context més literari, l'universitari Umberto Eco, que és un dels animadors de la cèlebre revista *Quindici* sorgida del Gruppo 63, parla de «guerrilla semiològica». Aquestes fórmules il·lustren l'assimilació, almenys metafòrica, de les lluites polítiques per part dels ideòlegs de l'avantguarda cultural. El mes de maig es van produir manifestacions de protesta contra la Guerra del Vietnam a diverses ciutats del país. L'entusiasme suscitat pels combats del Che Guevara es va duplicar després de la seva mort el mes d'octubre, que el va convertir en heroi de l'antiimperialisme. Finalment, cal no oblidar que va ser a Itàlia on les revoltes dels campus americans van trobar els primers ressons a Europa, amb l'ocupació de la universitat catòlica de Trento durant la tardor, seguida per les de Milà i Torí. Tot això anava acompanyat d'una profunda desconfiança envers l'ortodòxia marxista, no sols perquè el comunisme real s'ha transformat en un sistema burocràtic, sinó perquè les forces de transformació revolucionàries ja no poden ser identificades simplement amb el proletariat.

Aquesta desconfiança caracteritza la Nova Esquerra americana a través dels seus diversos components, des dels Civil Rights (moviment en defensa dels drets civils) fins als hippies i totes les formes de contracultura, passant pels radicals inspirats en les anàlisis de Charles Wright Mills i en el comunitarisme llibertari de Paul Goodman. Un altre pensador molt influent, Herbert Marcuse, se'n fa ressò regularment, en particular quan subratlla durant una reunió a Berlín el juliol de 1967: «Avui en dia ningú no està en situació de poder donar una recepta, d'indicar: aquí tens les teves forces revolucionàries, aquesta és la seva força, això i allò és el que s'ha de fer.» O: «Avui ens trobem davant el problema que el canvi és objectivament necessari, però la necessitat d'aquest canvi no es dóna precisament en les capes que estaven definides clàssicament per al canvi.» Les actes d'aquesta reunió, que havia estat organitzada pels estudiants de la Universitat Lliure de Berlín, van ser publicades l'any següent amb un títol particularment eloqüent: *La fi de la utopia*.[19]

El text de Celant s'inscriu en un context ideològic on les nocions d'alienació, de sistema repressiu, apel·len a la revolta i a la multiplicació dels actes d'alliberament més que a la revolució. L'artista contemporani, subratlla Celant, treballa dins d'un sistema del qual no es pot escapar. Vol rebutjar la societat de consum però n'és «un dels productors». A falta d'una perspectiva revolucionària marxista que permetria canviar radicalment el sistema, l'única solució és l'acció puntual, ràpida, sempre renovada, imprevisible. «Es tracta d'una nova actitud que empeny l'artista a desplaçar-se, a esquivar contínuament el paper convencional, els clixés que la societat li ha atribuït, per prendre possessió de nou d'una "realitat" que és el veritable regne del seu ser. Després d'haver estat explotat, l'artista esdevé un guerriller: vol escollir el lloc de combat i poder desplaçar-se per sorprendre i atacar.»[20] En realitat, el pintoresquisme d'una terminologia política un pèl ingènua i més aviat oportunista no ha d'ocultar els orígens immediats d'aquesta posició teòrica. En el seu assaig, que finalment resulta més retrospectiu que no pas programàtic, Celant s'inspira de fet essencialment en un text publicat per Michelangelo Pistoletto per acompanyar la presentació dels seus *Oggetti in meno* (Objectes de menys) (fig. 4) a la Galleria La Bertesca de Gènova durant l'hivern de 1966-1967. El mèrit de Celant va ser sobretot el de recollir sota una mateixa fórmula unes proposicions artístiques que, malgrat la seva diversitat i en aquesta mateixa diversitat, havien confirmat la direcció indicada per Pistoletto. D'altra banda, reconeix clarament la significació inaugural i l'eficàcia de l'orientació marcada pels *Oggetti in meno*, ja que els col·loca al principi del seu inventari retrospectiu. Per la meva part, jo voldria subratllar ràpidament aquesta genealogia, per resituar alguns trets destacats de l'arte povera en una problemàtica de l'objecte i de la imatge-objecte iniciada pel pop art. Però primer tornaré a *2 ou 3 choses que je sais d'elle*, que marca perfectament l'objectiu experimental d'un nou realisme confrontat amb les normes de la cultura postindustrial.

Aquest film podria ser considerat com una prolongació o una ampliació de *Vivre sa vie*, ja que el personatge principal, Juliette, interpretat per Marina Vlady, és una mare de família obligada a la prostitució. L'argument documental és la vida a les grans aglomeracions dels suburbis de París (concretament La Courneuve). Així, Juliette és una nova figura tipus de la dona alienada, en una societat on els objectes existeixen més que les persones i la inflació de signes tendeix a «ofegar el real». La descripció documental no és redueix pas a una simple constatació. La pel·lícula desenvolupa un moviment de la consciència, *és* aquest moviment. Així, al minut setanta-u, la veu en *off* de Godard murmura: «Retrobar el B.A. BA [ABC] de l'existència.» Aquesta breu declaració, que associa un projecte amb l'empobriment de l'imaginari, acompanya un ràpid moviment panoràmic d'esquerra a dreta sobre les lletres blaves B.A.B. d'un plafó blanc. El pla següent mostra Marina Vlady (Juliette) de cara, davant d'un típic edifici suburbial. La façana regular, blavosa, ocupa tot el marc excepte el petit retall en forma de medalla de la figura femenina (tallada a l'altura de les espatlles), a baix i al centre de la imatge. Així, el retrat queda inserit com una miniatura en allò que s'anomena precisament pla general. Marina Vlady s'adreça a la càmera i evoca amb un to tranquil i melancòlic «una sensació molt estranya», una sensació que havia experimentat feia poc. Després la precisa: «La sensació dels meus lligams amb el món.» Aleshores es gira cap a la dreta fins a posar el seu perfil en perfecte paral·lel amb l'edifici. La càmera segueix el moviment, llisca al llarg de la façana i després descriu una panoràmica circular de 360º sobre el paisatge dels grans blocs de pisos. Juliette diu en *off:* «De cop i volta vaig tenir la sensació que jo era el món i que el món era jo. Caldrien pàgines i més pàgines per descriure tot això... O volums i volums...» La càmera, al final d'un moviment panoràmic, torna a ella mentre Juliette conclou: «Un paisatge és igual que un rostre.»

Una seqüència anterior s'havia acabat amb la mateixa fórmula. Juliette intentava recuperar un acord amb el món que se li havia escapat. Fins semblava que ho aconseguia. Però el decorat era molt diferent. En lloc de descriure el cercle de ciment dels grans blocs de pisos de barriada, la càmera seguia el pas apressat de Juliette en el paisatge d'un París assolellat. La reminiscència, l'empatia, la llibertat de moviment són anteriors a la descripció. Aquesta tracta d'un sistema de dades visuals estrany a la consciència íntima de l'existència, que tanmateix constitueix el punt zero des del qual «s'ha de començar de nou». Aquestes són les últimes paraules del film, sobre la vista d'un paisatge urbà amb paquets de detergent i altres productes de consum: «Ho he oblidat tot, menys que, ja que m'han deixat a zero, des d'aquí hauré de començar de nou.» Em sembla que en aquests plans hi ha una mena de resum al·legòric de la situació dels artistes que, als voltants del 1967, volien recuperar «la relació més primitiva amb la realitat que ens envolta», com els dadaistes berlinesos el 1918. Però per poder retrobar «l'ABC de l'existència», ara calia tenir en compte, literalment, les condicions més hostils a la improvisació individual. Calia prendre el partit de les coses, tal com havia proposat Francis Ponge a la generació anterior –Ponge, que Godard cita molt sovint–, però ara les coses eren tant objectes de consum i signes publicitaris com objectes d'ús diari o elements del medi natural. La consciència del món estava sotmesa a la lògica de l'inventari i el cos era una imatge o un aplegament inestable de fragments. Godard apel·lava a la fenomenologia (Husserl, Sartre, Merleau-Ponty) per repensar el cinema com a moviment de la consciència sostingut per l'experiència perceptiva. Potser un objecte, deia, és «allò que permet reunir... passar d'un subjecte a l'altre, i per tant viure en societat, viure plegats». Però el moviment de la consciència, el moviment del film, havia d'integrar les imatges i els signes d'una cultura urbana i mediàtica que la fenomenologia no havia tractat mai. Godard mencionava igualment l'objecció solipsista a la fusió empàtica, citant Wittgenstein (*Tractatus*, 5,6): «Els límits del meu llenguatge signifiquen els límits del meu propi món.»

A la mateixa època, el 1967, Bruce Nauman, al seu taller de Califòrnia, construïa una peça que conté implicacions similars. Estic pensant en la famosa inscripció de neó *The True Artist Helps the World by Revealing Mystic Truths.* La frase, molt pomposa i desenvolupada en forma d'espiral, es desxifra amb dificultats, a costa de contorsions un pèl ridícules. En realitat, no es tracta de cap «inscripció», sinó d'un signe lluminós, una ensenya (*sign*). La idea d'inscripció és massa noble. Nauman volia, al contrari, una cosa ben vulgar; va produir una declaració grandiosa en una forma trivial. També volia que la seva declaració resultés difícil de llegir: tan difícil de llegir com difícil de creure. A més, al seu taller, que des de feia alguns mesos estava instal·lat en una vella botiga amb aparador al carrer, una ensenya com aquella podia trobar perfectament el seu lloc. Així, l'artista es va burlar amb gràcia d'una definició mistificadora de l'activitat artística, que redueix a un eslògan i una enorme tautologia (el veritable artista produeix veritats). A més a més, provoca una contradicció entre el contingut i la forma del missatge, en oposar la trivialitat del mitjà publicitari i la immediatesa de la revelació mística. Al mateix temps, i en un últim joc de mans, tot aquell luxe d'ironia acaba confirmant l'abast de l'eslògan. La creença i l'eficàcia de la revelació s'han aprofitat d'una hàbil concessió a l'escepticisme.

En el cas de Nauman, igual que en el de Godard, la ironia no és una finalitat. Només participa en un procés de dessacralització que dissipa provisionalment l'encís de la mercaderia fingint acceptar-lo, per tal d'alliberar i desplaçar la creença que hi estava dipositada. Un eslògan és una mistificació però es pot convertir en un enunciat poètic, tal com la tautologia no és únicament un «veritat evident», sinó també, segons Wittgenstein, el fonament de la lògica. Pertot arreu trobem la mateixa operació. L'artista ha d'acceptar la transferència d'allò sagrat al culte a la mercaderia, com havia fet Baudelaire lloant la «Musa venal». S'ha de desfer la pretensió de l'art d'encarnar valors superiors, allunyar el model de l'obra com a santuari de la veritat, per trobar la justa relació (equívoca i sempre bellugadissa) entre l'activitat artística i la consciència cosificada. Després de Dadà, després de Duchamp, però també, tal com va mostrar Walter Benjamin, després de Baudelaire –i jo afegiria després del Flaubert de *Bouvard i Pécuchet*–, tot artista postromàntic es veu confrontat amb la necessitat del sacrilegi.

Entre els artistes dels anys seixanta, després de Warhol, el poeta Marcel Broodthaers va ser sens dubte l'artista que va formular aquesta necessitat amb la falsa ingenuïtat més provocadora, quan, el 1964, va decidir partir «a la conquesta de l'espai» produint objectes exposables –i comercialitzables–, i va submergir fins a la meitat en guix els cinquanta exemplars no venuts del seu últim recull de poemes, *Pense-Bête* (fig. 5). A la targeta d'invitació de la primera exposició, declarava: «Jo també m'havia plantejat si no podria vendre alguna cosa i triomfar a la vida. (...) Per fi se'm va acudir la idea d'inventar alguna cosa insincera, i immediatament em vaig posar a la feina.»[21] No puc reconstruir aquí la gènesi d'aquesta «idea». Caldria recordar l'exemple de Manzoni que, al febrer de 1962, havia transformat Broodthaers en obra d'art, acompanyant l'acte de signatura amb un certificat d'autenticitat. Només vull recordar que Broodthaers, al cap d'un temps, va subratllar la influència decisiva del pop art: «Fa divuit mesos, vaig veure a París una exposició de motllos de Segal; allò va ser el punt de partença, el xoc que em va portar a produir jo també algunes obres. Després van arribar Lichtenstein, Jim Dine i Oldenburg, que van fer germinar les llavors que havia sembrat l'irritable, el desmanegat, el gran René Magritte.» Vull recordar igualment que aquest efecte de «xoc», Broodthaers ja l'havia explicat en un informe crític de l'exposició de Jim Dine presentada a la Galerie Aujourd'hui de Brussel·les el novembre de 1963: «El pop –escrivia– remet al pamflet o a la provocació o a la poesia. Llança la maledicció sobre el seu cap, demana l'insult i el menyspreu.» I afegia: «Aquests artistes prossegueixen la construcció del camí infernal que va inaugurar Dadà, moviment internacional. Doncs molt bé, Visca Dadà, Visca Dadapop, Visca Jim Dine.»

La «insinceritat» de Broodthaers era doncs més que una manera de fugir de la condició miserable del poeta, condemnat a una activitat «sense recompensa». Era més que un sistema de conquesta, més que una manera de projectar-se en el món de l'art (l'espai dels objectes) per trobar un públic. Es tractava sobretot d'entregar-se a la venalitat i així complir, amb altres mitjans, la maledicció del poeta. Broodthaers no va deixar mai de recordar i fins i tot exposar les seves referències: el belga René Magritte, que ell oposa als artistes pop americans per fundar allò que anomena «una lliçó de pop art nacional», però també Baudelaire i Mallarmé, «el que inventa inconscientment l'espai modern». El 1967, va començar a produir unes teles fotogràfiques que li van donar nous mitjans de fabulació. Inventa el quadre-pantalla *(tableau-écran)*, interpretant una faula de La Fontaine («El corb i la guineu»). Aleshores resumeix el seu recorregut: «Vaig començar amb la poesia, vaig continuar amb treballs plàstics, i finalment he arribat al film, que combina diversos elements artístics. És a dir, l'escriptura (poesia), l'objecte (una cosa plàstica) i la imatge (film).» Però el 1974, a l'hora de fer un nou balanç, després d'haver desenvolupat tota mena de ficcions, declarava a Irmeline Lebeer: «El llibre és l'objecte que em fascina, perquè per mi és l'objecte d'una prohibició. La meva primera proposició porta la petja d'aquest malefici.»

«El silenci arcaic del llibre» de què parlava Walter Benjamin a propòsit de Mallarmé s'ha convertit en objecte d'una prohibició.²² Mallarmé «va inventar inconscientment l'espai modern», però aquest espai és precisament el de l'inconscient. És una escena que no es pot transposar a l'espai públic, si no és celebrant una màgia mistificadora, cosificada. Per això, a partir del 1967-1968, després d'haver interromput la seva «lliçó de pop art nacional», Broodthaers s'havia convertit en «l'home de lletres» que s'exposa a totes les faltes tipogràfiques. La faula de La Fontaine és reescrita sobre un quadre-pantalla, com un enigma. La superioritat de la guineu sobre el corb es desplaça literalment en la separació entre la lletra D i la lletra T: «LA D ÉS MÉS GRAN QUE LA T», va escriure a la pantalla, dues lletres agrupades al centre del nom de BrooDThaers, així disseminat en el text, tal com el nom de Ponge havia estat disseminat a la confecció de *Le Pré* aparegut aquell mateix any de 1967 (al *Nouveau Recueil*). L'any següent, una variant del dispositiu apareix a l'exposició presentada a la Wide White Space Gallery d'Anvers. En un prestatge que té com a fons la inscripció del pintor tancada dins d'un pot de vidre ha substituït el corb al costat de la guineu. Però l'astúcia de la guineu continua sent el *système D* que substitueix el treball del pintor, ja que l'artista s'ha convertit en «l'home de lletres impreses». Broodthaers coneixia perfectament les «faltes» fingides de Magritte. Però aquest va morir el 15 d'agost del 1967, i quan «la guineu truca, el pintor no hi és». Com de la guineu, del pintor només queda una inscripció en una gerra funerària. El corb havia guanyat, l'«ésser de desgràcia», lletra malastruga,²³ de mal presagi, l'ésser de la mala hora (Mitjanit), que obsedia Poe, Baudelaire i Mallarmé; aquest és l'últim a «trucar». En l'absència del pintor, l'astúcia de la guineu fa el seu joc al camp de les lletres. I aleshores sobrevé necessàriament la falta tipogràfica: la lletra H elidida del nom de l'artista sobre la targeta d'invitació per a l'exposició d'Anvers, una falta ja inscrita el 1964 (*Mea Culpa*), en el moment de la presentació del *Pense-Bête*. Les mancances del poeta desinteressat que s'ha tornat venal, en comerciar amb els objectes, s'inscriu literalment en el nom de l'artista. El «misteri a les lletres» que, per

Mallarmé, havia de tenir lloc efectivament a les lletres, és a dir, també al llibre («expansió total de la lletra») i no a l'escenari del teatre, a l'espai públic, aquest misteri prohibit encara era accessible a l'artista si acceptava passar del joc de l'error a l'experiència de la falta.

Però allò, és clar, no era cap solució. Continuava vigent una malediccció que només podia ser acceptada, fins i tot exaltada, amb tot l'humor de què l'inconscient és capaç. Altres artistes, al contrari, van proposar solucions. Sobretot Beuys, que va ser el que més va confiar en els poders taumatúrgics de l'artista. D'altra banda, Broodthaers li ho retraurà amb prou violència, dirigint contra ell les crítiques que Nietzsche (i Mallarmé) va adreçar a Wagner. Beuys pensa que l'activitat artística pot transcendir el «fenomen de la cosificació», que és per a Broodthaers la malediccció del poeta-artista. Rebutja qualsevol fixació a l'objecte o a la imatge-objecte. L'escultura és per a ell una acció plàstica que procedeix primer de tot d'una dramatització, en el sentit ple del terme, dels materials. L'artista és el mitjancer d'una experiència social. Ha de reinstaurar una relació de participació amb el món, fins a la seva dimensió còsmica, mitjançant una actualització de l'eficàcia energètica i simbòlica dels materials (el feltre, el greix, el coure). Beuys pensa igualment que l'artista pot produir una mitologia, mentre que Broodthaers comprova, seguint Barthes (*Mythologies,* 1957), que la mitologia més poderosa del nostre temps és la de la indústria cultural, de la qual l'artista és necessàriament còmplice quan juga a fer-se el bruixot. Finalment, Beuys no ignora que «l'home mític no és un home lliure»; però pensa que cal «actualitzar els vells continguts mítics», integrar-los a la consciència moderna, fundada des del Segle de les Llums sobre el principi de la llibertat, si volem evitar que ressorgeixin com un retorn del reprimit (perquè el nacionalsocialisme ja va ser un retorn del reprimit de la Il·lustració).[24]

En la performance *Eurasienstab* (juliol del 1967, Galerie Nächst St. Stephan, Viena; febrer del 1968, Wide White Space,

Anvers), el lloc de l'acció artística és l'espai d'un pensament nòmada que apunta a una cosmogonia política: reconciliació de l'Est i l'Oest, simbolitzada pel «bastó eurasià». El lloc de l'acció queda delimitat i aïllat per uns elements de feltre; el pensament nòmada mobilitza igualment la plasticitat caòtica del greix, i el coure, conductor d'energia. Aquest pensament cosmogònic és constructiu. Refà perpètuament l'ordenament del món al voltant de la vivenda construïda, desfeta, reconstruïda. «Alguna cosa es construeix i es desconstrueix», dirà Beuys. «Una tenda que es munta i després es desmunta.»[25] L'acció artística, assimilada ritualment a la instal·lació d'un nòmada, converteix el caos en una creació que prefigura una integració geopolítica, en una modalitat mitològica. El 1967, la síntesi geogràfica de l'Euràsia és per a Beuys la conversió utòpica del ritual artístic en acció política. En els temps de la Guerra Freda, es produeix la recuperació del fons orientalista que, des del romanticisme alemany fins al surrealisme, ja havia qualificat totes les esperances d'una nova mitologia. L'Orient ja no és aquell àmbit llunyà que s'obre, com un somni, a Egipte, a les portes de Llevant (Nerval). Ja no està situat més enllà del Mediterrani, més enllà dels mars, sinó a l'extrem de les planúries continentals i bàrbares que s'estenen des d'Alemanya a través del país dels tàrtars.

L'activitat artística és per Beuys una empresa terapèutica i taumatúrgica que apunta a un procés d'integració i de reconciliació. L'actualització del mite ha de permetre a l'home modern integrar el seu passat arcaic. L'home modern ha d'assimilar els seus orígens animals, el seu sofriment, la seva mort, així com el *logos* (o paraula de la saviesa) ha d'acollir el *pathos* i acceptar l'empatia. D'aquesta manera, l'ensenyament de Crist continua sent exemplar i l'art pot tornar a unir-se a la teofania messiànica. Per a Broodthaers, al contrari, no hi havia salvació possible; l'art no pot ser més que una mistificació. El 1975, uns mesos abans de la seva mort, va declarar: «L'Art, presoner dels seus fantasmes i del seu ús màgic, adorna les nostres parets burgeses com a signe de poder.» I afegia: «Jo no he descobert res de res, ni tan sols Amèrica. Trio l'opció de considerar l'Art un treball inútil, apolític i una mica amoral. Com que m'empeny una innoble inspiració, no ocultaré pas que si els errors estan de la meva banda, n'experimentaré una mena de gaudi. Gaudi culpable, perquè dependria de les seves víctimes –aquelles que van creure que jo tenia raó.»

En l'alternativa Beuys/Broodthaers es perpetuava un debat, obert per l'antiracionalisme dels primers romàntics alemanys, sobre la possibilitat d'una nova mitologia en un món desencantat. Wagner n'estava convençut, tal com els socialistes romàntics francesos, nostàlgics d'un comunitarisme medieval. Més tard, André Breton, adepte de la utopia fourierista, encara esperava «un *mite* nou sobre el qual fundar una cohesió duradora» (entrevista amb Jean Duché el 1946). Els anys seixanta, marcats pel comunitarisme hippy que culmina el 1967, i per la multiplicació de les cultures anomenades «alternatives», van popularitzar aquestes esperances i aquestes nostàlgies. L'espectacle teatral, prototipus d'una creació col·lectiva que catalitzava fenòmens de cohesió comunitària sobre el mode de la participació, incloïa música i dansa i era assimilat al ritu. El Gutai japonès, el happening americà i l'accionisme vienès, derivats de la pintura informal, havien treballat simultàniament en la teatralització física de l'espai d'exposició i en la ritualització plàstica de l'espai escènic. Artaud s'havia convertit en una figura de culte; però més l'autor d'*El teatre i el seu doble*, que no pas el poeta que s'havia negat a participar en les misses surrealistes. En un text publicat a *Les Temps Modernes* l'abril de 1967, Jerzy Grotowski, inventor del «teatre pobre» –del qual deriva la idea de l'arte povera–, designava el període contemporani com «l'era d'Artaud», per subratllar que el teòric del «teatre de la crueltat» patia aleshores el mateix èxit que ja havia «compromès» Stanislavski i Brecht. Encara més, Grotowski es malfiava de l'«èxtasi còsmic» i del «teatre màgic». En descriure els espectacles balinesos, Artaud havia comprès la funció del mite en el teatre sagrat, però la seva interpretació era un contrasentit: «Artaud desxifrava com a "signes còsmics" i "gestos que evoquen poders superiors" uns elements de l'espectacle que eren expressions concretes, lletres teatrals específiques en un alfabet de signes universalment compresos pels balinesos.» Aquesta malinterpretació romàntica de la tradició indueix a falses esperances per al teatre contemporani: «Artaud somiava de produir nous mites per al teatre, però el seu bell somni va néixer amb una falta de precisió. Perquè en la mesura que el mite forma la base o l'armadura de l'experiència de generacions senceres, són les generacions futures qui l'han de crear, i no pas el teatre. Com a molt, el teatre pot haver contribuït a la cristal·lització d'un mite. Però, en aquest cas, haurà estat massa a prop del corrent d'idees per ser creador.»[26]

Aquestes observacions de Grotowski em tornen als orígens de l'arte povera. Aquí Pistoletto, repeteixo, és el personatge principal. Igual que Beuys, proposa una solució. Però una solució totalment diferent, perquè procedeix sobretot d'una voluntat de desdramatització. Els *Oggetti in meno*, presentats en diverses ocasions els anys 1966 i 1967, al taller de l'artista i després en una galeria (La Bertesca de Gènova), poden ser considerats primer de tot com una resposta tant al pop art com al minimalisme americà. El 1965, Donald Judd havia publicat el seu famós «Specific Objects», on subratllava que una àmplia tendència de la producció artística contemporània era inclassificable dins de les categories tradicionals de pintura i escultura. Amb aquesta tendència es relacionava evidentment el seu propi treball, així com tot allò que seria designat com a minimalista (o literalista). D'aquesta manera, l'«especificitat» descrita per Judd s'oposa a les definicions genèriques en les quals es va desenvopular la modernitat anterior. Al mateix temps, és bastant enganyosa, ja que de fet estableix una nova definició genèrica, en reconèixer a uns objectes molt diferents el caràcter comú de no ser ni pintura ni escultura. El mateix any que va aparèixer aquest assaig, el que s'hauria pogut qualificar, amb més rigor, d'específic són, els *Oggetti in meno*. El mateix Pistoletto va subratllar que cada un d'aquests objectes resulta d'una estricta contingència, que són tan diversos i heterogenis com les circumstàncies de què van sorgir. Objectes «de menys», doncs, perquè són possibilitats complertes, sostretes al possible. «A través d'aquests objectes –escriu Pistoletto–, m'allibero d'alguna cosa, no són pas construccions sinó alliberaments. No els considero objectes de més sinó objectes de menys, i amb això vull dir que porten a dins una experiència perceptiva definitivament llançada al món exterior. Segons la idea que jo tinc del temps, cal saber alliberar-se d'una posició en el moment en què un la conquereix.»[27]

És fàcil reconèixer aquí la regla del qui-perd-guanya. Des del 1963, Pistoletto havia estat associat al pop art americà, exposant els seus quadres-mirall a la Galerie Sonnabend de París i Leo Castelli Gallery de Nova York. Ara trencava aquella filiació, s'alliberava d'una imatge de marca, i realitzava uns objectes que, fins i tot en el seu principi, s'oposaven radicalment al model de serialitat comú al pop i al minimalisme. Tot allò que farà de l'arte povera una resposta política al triomf del pop art, així com una alternativa al minimalisme, ja es troba en aquest refús d'assimilar l'activitat artística a una producció. Així, Pistoletto podia recuperar l'experiència dels quadres-mirall fora de la interpretació que havien rebut en el context del pop art. Cito els dos primers paràgrafs del text redactat per acompanyar l'exposició dels *Oggetti in meno* a La Bertesca: «El març de 1962, vaig exposar a La Promotrice de Torí el primer quadre-mirall, titulat *Il presenti*. L'home que hi estava pintat sobresortia com si estigués pintat en l'espai viu de la galeria. Però el veritable protagonista era la relació d'instantaneïtat que es creava entre l'espectador, el seu reflex i la figura pintada, en un moviment sempre "present", que concentrava el passat i el futur, fins a fer dubtar de la seva existència. Era la dimensió del temps. Amb els treballs recents, tinc la impressió d'haver entrat en el mirall, d'haver entrat activament en aquesta dimensió del temps que estava representada en els quadres-mirall. Els meus últims treballs palesen la necessitat de viure i actuar segons aquesta dimensió, és a dir, segons la impossible repetició de tot instant, de tot lloc i per tant de tota acció present.»

No m'entretinc més en els quadres-mirall. Només vull insistir en la idea central: la introducció de la dimensió del temps en l'espai de la imatge. Des de 1962, Pistoletto havia estat tan radical com els artistes de la performance, els artistes-actors, sense necessitat d'abandonar el quadre. Rebutjava els gestos dramàtics de la generació anterior. En els pintors abstractes (Pollock, Fontana, Klein), encara hi veia el drama de l'home tancat en una gàbia, presoner d'una situació sense sortida, tal com l'havia representat Francis Bacon. Per trobar una sortida, Pistoletto no havia tingut la necessitat d'inventar un nou gest ni de traspassar el límit del quadre. N'havia tingut prou de portar el quadre al terra, a l'espai real de l'espectador, com un mirall de dimensió humana, i així introduir el temps de l'espectador-actor en l'espai de la imatge. Però quan es consideren les primeres proposicions de l'arte povera del 1967, el que va sorgir primer, tant com les nocions d'energia i de materials primaris, que és el que se sol citar per caracteritzar-lo, són els paràmetres de la imatge i el temps, és la idea que la imatge podia ser projectada en l'espai, materialitzada, encarnada i llançada a l'acció. D'altra banda, això explica l'estreta relació de l'arte povera amb el teatre (sobretot a través de l'enorme influència del Living Theatre) i amb el cinema experimental, que es va desenvolupar a Itàlia a partir d'aquest any 1967 per impuls dels models americans introduïts per Jonas Mekas i Taylor Mead. Això explica igualment que al principi (abans que les demarcacions quedessin més ben delimitades) es poguessin establir nombroses connexions amb les recerques més formalistes sobre la percepció i allò que de vegades s'anomenava «la visibilitat pura», o fins i tot amb les experiències d'entorn visual dins de l'esperit de l'art cinètic i òptic.

En aquest ampli context, molt actiu, va ser on es va anar formant a poc a poc l'arte povera italià, fins a la definició d'un grup que actualment es limita a uns dotze artistes: Anselmo, Boetti,

Calzolari, Fabro, Kounellis, Mario i Marisa Merz, Paolini, Pascali, Penone, Pistoletto i Zorio. Però això només és una llista. El mateix Celant tenia un objectiu més inclusiu i l'ambició de situar la seva activitat crítica en un pla internacional. En el text que acompanya la doble exposició *Arte povera e im spazio* a La Bertesca el setembre de 1967, parla del cinema i del teatre que presenten «situacions humanes elementals» abans de descriure el que correspon a les «arts visuals». A més, vol acabar el seu recorregut descriptiu amb Emilio Prini, a propòsit del qual subratlla: «En la seva obra, l'espai pot i ha de néixer pertot i sobtadament; esdevé l'escenari i al mateix temps la platea. L'atenció es concentra en el ritme òptic-acústic. La imatge i l'element sonor actuen paral·lelament a l'elaboració espacial.»[28] Dos anys més tard, el 1969 (que és també l'any de la famosa exposició organitzada per Harald Szeeman a Berna, *When Attitudes Become Form*) l'antologia *Arte Povera* que publica Celant a Mazzotta Editore inclou la majoria dels noms citats, amb l'excepció de Boetti, Marisa Merz i Pascali. S'hi afegeix Emilio Prini, per Itàlia, però també nombrosos americans, entre els quals hi ha Carl Andre, Eva Hesse, Robert Morris, Bruce Nauman, Walter de Maria, Richard Serra i Robert Smithson; alemanys com Beuys i Reiner Ruthenbeck, que viuen a Düsseldorf, i d'altres que s'havien instal·lat a Nova York com Hans Haacke, i finalment alguns artistes d'altres països europeus: anglesos (Richard Long i Barry Flanagan) o holandesos (Marinus Boezem, Jan Dibbets, Ger van Elk). De tota manera, cal precisar que la llista que figura a l'índex del llibre no indica la nacionalitat dels artistes sinó la ciutat on treballen. Actualment, la tendència de la crítica encara és d'associar l'arte povera amb allò que als Estats Units s'anomena postminimalisme o amb la tendència *antiform* (formulada el 1968) del moviment conceptual. Però aquestes nocions de postminimalisme i d'*antiform* només tenen sentit en una història de l'art molt estreta i massa lineal. Sigui com sigui, la significació de l'arte povera és més marcada si no la deixem reduïda al context italià.

També caldria no reduir l'arte povera a les obres plàstiques, i aprendre a reconstituir el ressò que va tenir fora dels valors i els eslògans consagrats. L'eufòria del mercat de l'art als anys vuitanta ha afavorit, és cosa sabuda, un examen més atent d'algunes obres individuals. També ha portat alguns artistes a repetir i forçar la seva imatge. Jannis Kounellis, particularment, ha conegut una veritable consagració als Estats Units, comparable a l'èxit d'un Kiefer o d'un Baselitz. Merz ho ha fet tot per ser considerat el Beuys del Mediterrani. Em sembla que actualment caldria insistir en els fenòmens de catàlisi i de convergència que depenen més de moments i proposicions particulars, molt precises, que no pas dels mons constituïts al voltant d'algunes figures excepcionals. Així, els *Oggetti in meno* de Pistoletto se situen evidentment en l'obra –o en el trajecte– d'un artista singular. Però també són un dels esdeveniments significatius dels quals va sorgir l'any 1967 una nova situació de l'art a Torí i a Roma, en un context cultural marcat per l'hegemonia discutible i discutida del pop art. La mateixa observació es podria aplicar als objectes-simulacre de Pino Pascali i potser encara més a les primeres proposicions de Luciano Fabro a partir del 1963.

* * *

En molts aspectes, la «conquesta de l'espai» que havia emprès Broodthaers en començar a produir objectes exposables va ser igualment l'objectiu inicial, si no principal, dels protagonistes de l'arte povera. Aquest interès comú va ser molt notable i es va manifestar de maneres molt diferents. La dimensió espectacular en el cas de Pascali i Kounellis, per exemple, contrasta amb la discreció de les construccions espacials de Fabro, a les quals sembla aplicar-se més directament la idea d'arte povera. Pascali produeix uns objectes-imatge que s'imposen a l'espectador, teatralitzant el lloc d'exposició. Són també «falses escultures», formes buides, que no cessen de dir l'imaginari, la ficció, l'artifici, fins i tot i sobretot quan tracten de la natura. Fabro, al contrari, proposa unes «coses» minuciosament articulades en l'espai actual de la percepció, que apel·len a una experiència d'apropiació perceptiva. L'any 1965, en una entrevista amb Carla Lonzi, va precisar que la seva recerca no tenia res de figurativa, encara que els objectes que mostra semblen reduïts a una presència tautològica. «Una barra estesa –diu-, en sento la tensió, és una cosa molt diferent d'una línia que pren la mateixa forma. Desitjo retrobar aquest tipus de percepció.»[29] L'exemple estava particularment ben trobat, perquè en trobem el ressò en Anselmo (*Torsione*, 1968) i fins i tot, més tard, en Bruce Nauman. A propòsit d'una peça del 1966, *In Cubo*, Carla Lonzi va fer una observació que accentua encara més la distància respecte a l'exuberància imaginària desenvolupada per Pascali: «L'última obra de Fabro és un cub amb l'estructura de fusta i metall i el revestiment de roba blanca. (...) En aquesta cambra d'aire delimitada per unes superfícies i arestes totes semblants, concebuda a la mesura de l'espectador individual, l'home esdevé tan sols un element de relació amb la porció d'espai que li correspon. (...) Precisament perquè està privat de les coses, l'espectador retroba les bases d'un comportament espacial que és també una autoregulació.»[30]

Segurament hi ha més precisió i obertura en l'art «concret» de Fabro que no en l'imaginari teatral de Pascali. Aquesta diferència s'accentua al màxim si comparem els *32 mq di mari circa* de Pascali amb el *Pavimento-tautologia* (fig. 6) de Fabro. Totes dues peces són de l'any 1967. La primera va ser presentada per primera vegada el juliol, dins de l'exposició *Lo spazio dell'immagine* al palau Trinci de Foligno i la segona a l'exposició de Celant, *Arte povera e im spazio* (que es desmarca explícitament de l'objectiu perseguit a Foligno), el setembre. De l'una a l'altra es podria veure una mena de reducció, o més aviat d'empobriment sistemàtic de la imatge. Però aquesta operació intervé en una continuïtat: com l'afirmació més simple, més actual, d'un lloc en l'espai, d'un lloc definit en l'espai de l'exposició. La mateixa idea es troba més tard, però carregada de nous ressons, en Pier Paolo Calzolari, desenvolupada en tres peces diferents: la gespa artificial travessada per una barra gebrada (*Sense títol*, 1967), i els dos parterres de plom del 1968, *Como lago del cuore* (polit amb oli d'oliva) i *Piombo rosa* (que està tenyit amb tinta tipogràfica rosa). Limitant-nos a l'any 1967, també podríem relacionar els primers *Tapetti nature* de Piero Gilardi amb els *Campi arati* de Pascali i amb el *Campo* exposat per Kounellis a l'Attico de Roma, relacionat amb el famós quadre del lloro.

En tots aquests casos, tret del *Pavimento-tautologia* de Fabro, la proposició plàstica està construïda sobre una oposició binària: natura/cultura, o natura/artifici, que s'especifica en una relació més o menys conflictiva entre el contingut i la forma o, segons Kounellis, entre la «sensibilitat» i l'«estructura» o, dit d'una altra manera, entre un element de presència orgànica, una cosa viva (animal, planta) i un element inorgànic. No desenvoluparé aquest punt de l'anàlisi perquè m'allunyaria massa del meu objectiu. Aquí l'essencial és la dada més simple, comuna a totes les proposicions, incloent-hi el *Pavimento* de Fabro. És l'afirmació de l'horitzontalitat, la definició material d'un pla horitzontal clarament delimitat, en resposta al pla vertical del quadre i a l'erecció de l'estatuària. Als Estats Units, tal com ja he indicat, Carl Andre produeix, també l'any 1967, les seves primeres *floor pieces* formades per una quadrícula de plaques metàl·liques, que ell concep rigorosament com el retallament d'un lloc (*place*) sense volum, en l'espai (*space*). Aquesta fórmula venia precedida pels *Equivalents* dels anys 1966-1967, presentats a la Tibor de Nagy Gallery, Nova York, i després a Virginia Dwan Gallery, Los Angeles, on havia establert la idea de *cuts into space*. També el 1967, Beuys produeix una peça al terra, amb un títol que especifica la seva composició exemplar: *Stelle (Fettfilzplastik) vollständig mit Hochspannungswechselstrom aufgeladener Kupferplatte* (Lloc [plàstic de greix-feltre] completat amb plata de coure carregada de corrent altern d'alta tensió) (fig. 7).

Durant una entrevista amb Phyllis Tuchman, el 1970, Carl Andre comentava que el seu interès pels materials barats l'acostava a l'arte povera europeu. I la relació s'intensificava quan declarava, parlant de les plaques metàl·liques: «No les considero pas planes. En cert sentit, penso que cada peça sosté una columna d'aire que puja fins a dalt de l'atmosfera. Són zones. Per mi, no són pas planes, tal com un país no és pla pel fet que al mapa hi apareixi pla. Una vegada més, són manifestament planes, però jo no les considero així.»[31] Això recorda evidentment l'«exposició del buit» (a Iris Clert Gallery el 1957) i les «zones de sensibilitat» d'Yves Klein, que van marcar profundament tota l'escena artística dels anys seixanta als Estats Units i a Europa. Carl Andre també retrobava la definició de l'espai com a *ambiente* (és a dir, com a espai que envolta, medi ambient, espai viscut), que va determinar l'orientació de les investigacions desenvolupades a Itàlia durant els anys seixanta, quan les primeres exposicions de l'arte povera encara anaven associades a les recerques de l'art òptic i cinètic. Fabro, amb tot el rigor que el caracteritza durant el període comprès entre el 1963 i el 1968 en què manté la imatge a distància, pensa les seves experiències tautològiques com a intervencions en l'*ambiente*, ja que és el cos humà, insisteix, el que dóna la mesura de les coses espacials quan aquestes són objecte d'una apropiació perceptiva.

Amb Fabro, com amb Carl Andre, l'arte povera recuperava la distinció establerta per Merleau-Ponty entre l'espai geomètric abstracte i l'espai antropològic diferenciat per l'experiència perceptiva. Per molt obert que sigui (i Carl Andre parla d'una «columna d'aire que puja fins a dalt de l'atmosfera»), l'ambient és l'espai d'una experiència concreta, que compromet físicament l'espectador, en una certa durada. A partir de Husserl, la fenomenologia designa com a «camp de presència» l'espai ambient qualificat per l'experiència perceptiva espaciotemporal. «La percepció –escriu Merleau-Ponty– em dóna un "camp de presència" en sentit ampli, que s'estén en dues dimensions: la dimensió aquí-allà i la dimensió passat-present-futur.»[32] La dialèctica de l'espai i el lloc en l'ambient no és doncs una representació abstracta. I així s'entén que, en un primer moment, Fabro volgués mantenir la imatge a distància. Tal com el lloc de l'art es defineix en l'espai vivent, animat pel cos, així mateix la identitat de l'artista o de l'espectador s'havia de formar en una activitat d'apropiació perceptiva que evités la fascinació de la imatge i, particularment, en un context dominat pel pop art, el domini de la imatge-objecte. En declarar que «tot home és un artista», Beuys volia senzillament ampliar a la cosa pública la lògica d'experiència que Fabro anomenava «tautològica» i que potser seria millor denominar «topològica». Fins i tot m'atreviria a dir que la utopia teatral de Beuys és la d'una repartició o una posada en comú del «camp de presència» definit per la fenomenologia.

Sigui com sigui, l'any 1967, quan Fried denuncia la teatralitat del minimalisme, la paraula que està en boca de tothom és «espai»: l'espai de la percepció i l'espai de les estructures. En tots dos casos, es tracta de treure a la llum una realitat elemental que permeti apartar les representacions il·lusòries o abstractes. Merleau-Ponty escrivia als anys quaranta: «La percepció del món no és sinó una dilatació del meu camp de presència, no en transcendeix les estructures essencials, el cos sempre hi és l'agent i no hi esdevé mai l'objecte.»[33] Però el 1967, a *La Société du spectacle*, Guy Debord va descriure l'obstacle principal. Cito les primeres línies del llibre: «Tota la vida de les societats en les quals regnen les modernes condicions de producció s'anuncia com una immensa acumulació d'*espectacles*. Tot allò que era directament viscut ara s'ha allunyat en una representació.» L'epígraf és una cita de Ludwig Feuerbach, autor de *Das Wessen des Christentums* (L'essència del cristianisme): «I sens dubte el nostre temps... prefereix la imatge a la cosa, la còpia a l'original, la representació a la realitat, l'aparença a l'ésser... Allò que és *sagrat* per ell no és més que la *il·lusió*, però el que és profà és la *veritat*. Més ben dit, el sagrat creix als seus ulls a mesura que decreix la veritat i augmenta la il·lusió, de manera que *el súmmum de la il·lusió* és també *el súmmum del sagrat*.»[34]

Aquell mateix any, Michel Foucault donava a París, el mes de març, una conferència titulada «Des espaces autres», de la qual em conformo a citar la introducció: «La gran obsessió del segle XIX va ser, tothom ho sap, la història: els temes del desenvolupament i de l'aturament, els temes de la crisi i del cicle, els temes de l'acumulació del passat, la gran sobrecàrrega dels morts, el refredament amenaçant del món. En el segon principi de la termodinàmica el segle XIX va trobar l'essencial dels seus recursos mitològics. Potser l'època actual seria l'època de l'espai. Som a l'època del simultani, de la juxtaposició, a l'època del proper i el llunyà, del costat per costat, del dispers. Som en un moment, em fa l'efecte, en què el món es percep no tant com una gran vida que es des-envolupa a través del temps, sinó més aviat com una xarxa que uneix punts i que entrecreua la seva troca. Potser es podria dir que certs conflictes ideològics que animen les polèmiques actuals es desenvolupen entre els pietosos descendents del temps i els habitants aferrissats de l'espai. L'estructuralisme, o almenys allò que s'aplega sota aquest nom un pèl massa general, és l'esforç per establir, entre els elements que poden haver estat repartits a través del temps, un conjunt de relacions que els faci aparèixer com a juxtaposats, oposats, implicats l'un per l'altre, és a dir, que els faci aparèixer com una mena de configuració; i en realitat no es tracta pas de negar el temps; és una certa manera de tractar allò que s'anomena el temps i allò que s'anomena la història.»[35]

El vocabulari de Foucault i el mètode estructural que va usar a *Les Mots et les Choses* (1966) no són els de la fenomenologia. Em sembla que aquesta distància marca exactament la divisió, sobre un fons comú, de la cultura artística a finals dels anys seixanta. Godard, per exemple, pren partit per la fenomenologia contra Foucault, mentre que *2 ou 3 choses que je sais d'elle* es relaciona en bona mesura amb la tendència evocada a les línies que acabo de citar. Cal recordar que ja el 1963, Roland Barthes havia descrit una «activitat», més que no pas un «mètode», estructuralista, en la qual reconeixia «la successió regulada de cert nombre d'operacions mentals».[36] Quatre anys més tard, Sol LeWitt confirmava l'observació en escriure els seus «Paragraphs on Conceptual Art» (*Artforum*, juny de 1967). Oposava radicalment el concepte a la percepció, la programació a la realització, però anava amb compte de desmarcar-se de tot model racionalista, precisant: «Aquesta forma d'art no és teòrica i no il·lustra cap teoria, sinó que és intuïtiva.» Finalment, Sol LeWitt, l'any 1967, estava més a prop d'Eva Hesse que de Joseph Kosuth. I es podrien multiplicar les observacions d'aquest tipus. La divisió d'una cultura no significa necessàriament una separació radical. En realitat, més aviat caldria mirar de distingir lliscaments, desplaçaments i ambigüitats calculades. L'ús que va fer Eva Hesse dels models minimalistes i conceptuals és, en aquest sentit, molt notable. Porta fins a l'absurd, fins al grotesc, el gust per la paradoxa que caracteritza el conceptualisme de LeWitt.

De manera més general, es pot dir que la importància que es concedeix a l'espai en l'art dels anys seixanta cobreix un ampli espectre de possibilitats, des d'una extensió de l'art concret fins a les manifestacions d'un nou manierisme fundat en el refús de l'ordre funcional. Pintors com ara l'alemany Blinky Palermo i l'americà Richard Tuttle són particularment interessants perquè associen subtilment les dues tendències. En un cas i en l'altre, la pintura és alhora una cosa elemental, concreta, i una escena onírica, un teatre del color, que compon figures simultànies o configuracions. Johannes Cladders recorda que «durant les exposicions, Palermo concedia una gran importància a l'organització i la distribució de les obres exposades dins de l'espai. Cada peça tenia el seu propi lloc, que només articulava aquesta peça, i establia al mateix temps la correspondència entre aquesta obra i una altra, fins a arribar a subratllar-la. Les exposicions que organitzava ell en persona sempre adquirien el caràcter d'un decorat.»[37]

Abans d'iniciar el moviment de l'art concret a París l'any 1930, Theo van Doesburg (que havia estat animador de De Stijl i activista de Dadà) anota en el seu manifest del 1926 «Per un art elemental»: «A la base de l'obra d'art sempre es troba la relació dels elements i no la relació de les formes. Les formes individuals són el que ha amagat els elements i les seves relacions recíproques.» Aquesta idea porta Van Doesburg a sostenir que cada art ha d'afirmar funcionalment la seva especificitat: «L'artista haurà d'atènyer el màxim d'expressió plàstica únicament pel seu mitjà universal d'expressió; el pintor amb el color, l'escultor amb el volum, l'arquitecte amb els materials.» Però quan torna a una definició més general, ho fa per declarar: «Aquest art és l'ELEMENTARISME que hem desenvolupat mitjançant el quadre i que hem materialitzat com a arquitectura.» El mateix any, Mondrian afirmava que l'art geomètric no figuratiu, anomenat «abstracte», s'havia de fundar en una «manifestació concreta», buscant «l'expressió plàstica de la vitalitat». L'objectiu d'aquest art era la *joie de vivre*. Afegia, en l'esperit de Van Doesburg: «Per arribar a aquest resultat, el "quadre" d'art purament abstracte no pot bastar: cal que la seva expressió *es realitzi en el nostre entorn material* i per aquesta via prepari la realització de l'equilibri pur fins en la societat. Aleshores, però només aleshores, l'art s'haurà convertit en la Vida.»[38] Aquestes idees utòpiques van conèixer un poderós desenvolupament als anys cinquanta i seixanta, en particular en el neoconstructivisme i entre nombrosos *environment artists*. Al mateix temps, la norma de la puresa geomètrica enunciada per Mondrian va ser cada vegada més discutida. La crisi del «geometrisme» no era pas nova; fins es podria afirmar que el geometrisme està en crisi permanent. Però s'accentuà quan els artistes es van adonar que, lluny de portar a la *joie de vivre*, l'aplicació del model geomètric havia produït terribles destrosses a l'entorn urbà, amb la realització massiva de la ideologia funcionalista. Les dues tendències que he assenyalat (art concret i manierisme) expressen justament aquesta ambigüitat històrica, a través d'uns contextos culturals molt diferents.

Al Brasil, l'exemple de l'art concret, ampliat i adaptat a la situació cultural regional, va ser decisiu en la formació de la «voluntat constructiva general» enunciada per Hélio Oiticica el 1967 (durant l'exposició *Nova Objetividade Brasileira* al Museu de Arte Moderna de Rio). A finals dels anys cinquanta, el mateix Oiticica havia participat en el moviment neoconcret brasiler, seguint l'impuls donat per Lygia Clark. A començament dels seixanta, la referència a Mondrian és omnipresent en els seus textos. Afirma «l'experiència del color, element exclusiu de la pintura».[39] Però l'important és transportar aquesta experiència en l'espai-temps, fora del quadre, desenvolupant l'actitud que Lygia Clark havia deduït de les indicacions de Mondrian. D'aquí procedeix la idea de *Núcleo* el 1960, després la de *Penetrables* a partir del 1961, que «són com si fossin frescos mòbils, en l'escala humana, però el més important, "penetrables".» (Jesús Rafael Soto, l'artista cinètic d'origen veneçolà recuperarà aquesta idea a París l'any 1969.) Després s'arribava a una nova etapa amb dues exposicions més: *Bólides*, que introdueixen la dimensió de l'objecte i un esquema d'apropiació del material mineral i vegetal; i *Parangolés* (fig. 8), que són la forma-color-arquitectura animada pel cos, que remet a la vegada a l'estendard, a la tenda i a les construccions de les *favelas*. Tot això participava d'un «programa ambiental» que, sobre un fons de revolta antiimperialista, havia de contribuir a la construcció d'una cultura tropical, d'un «tropicalisme». Dos nous *Penetrables*, exposats l'any 1967 a Rio amb el títol de *Tropicália*, resumeixen l'ambició d'Oiticica. «*Tropicália* –escriu– és el primer intent conscient, objectiu, per imposar una imatge evidentment brasilera en el context actual d'avantguarda i de les manifestacions de l'art nacional en general.» Precisa que es tractava de «crear un llenguatge nostre, característic, que plantés cara a la imatge pop o op internacionals, en la qual gran part dels nostres artistes eren immergits.»

Oiticica defineix igualment *Tropicália* com un «decorat» que resumeix «l'arquitectura fantàstica de les *favelas*» i posa en escena una imatgeria extremament violenta capaç d'absorbir, d'una manera quasi antropofàgica, les «maleïdes herències europea i americana» a les quals la cultura brasilera ha estat massa sotmesa. «Tot va començar –escriu– amb la formulació del *Parangolé* el 1964, amb tota la meva experiència amb la samba, amb el descobriment dels *morros*, de l'arquitectura orgànica de les *favelas* carioques (i per tant d'altres com les *palafitas* de l'Amazones), i sobretot de les construccions espontànies, anònimes, en els grans centres urbans –l'art dels carrers, de les coses inacabades, dels camps oberts, etc.» Al costat de Beuys, que als anys 1966-1967 intenta una reconstrucció mítica de l'Euràsia, Oiticica, en un altre continent, va ser qui va donar la definició més ambiciosa (i més constructiva) de l'arte povera, però intentant defugir el recurs a un universalisme mitològic que ell considerava sospitós de servir els interessos imperialistes (i que Broodthaers va retreure a Beuys). El més notable és que Oiticica, vivint en una cultura regional alhora més estreta i més oberta, va saber integrar, absorbir, fins i tot devorar una cultura d'avantguarda massa construïda (o preconstruïda), i també desfer-la, fer-la a miques per refer-la i reemmarcar-la, fins i tot en termes teòrics. El seu compatriota Glauber Rocha s'havia proposat la mateixa empresa en l'àmbit del cinema, amb menys rigor teòric i potser més debilitat pels grans impulsos de l'imaginari mitològic (als quals, és veritat, el cinema és particularment propens).

Lluny de l'ambició constructivista d'Oiticica, i en uns contextos potser menys marginals, a Nova York per descomptat, però també en alguns centres europeus com ara el Ruhr (als voltants de Düsseldorf) o en el triangle industrial del nord d'Itàlia (a les rodalies de Torí), neixen altres projectes totalment diferents que em vénen al pensament quan es parla del nou manierisme. En realitat, aquesta expressió em ve suggerida sobretot per la manera de fer i pels manifestos de Robert Smithson, encara que l'hagi aplicat, adequadament, als pintors, particularment als pintors no figuratius en els quals es pot trobar l'eco deformat del que històricament s'ha conegut com a art concret. En el cas de Smithson, precisament, no hi ha res d'això, i em sembla que mai no ha manifestat el més petit interès per un artista com Richard Tuttle (per no parlar de Palermo, a qui difícilment podria conèixer). Efectivament, l'interès que mostra pel manierisme italià del segle XVI, i encara més pel concepte històric de manierisme, és resultat essencialment tant de la imatge que es va fer del minimalisme (i que va desenvolupar en els seus primers treballs) com d'una postmodernitat impregnada alhora de l'esperit del pop art i de la realitat post-industrial. Això ja queda molt clar en el seu primer text, del 1965, dedicat a Donald Judd, on subratlla: «Tal com els artistes manieristes del segle XVI van permutar (*permuted*) les dades del Renaixement clàssic, exactament de la mateixa manera Judd ha permutat les dades de la Realitat moderna.» Dos anys més tard, la comparació reapareix en el retrat irònic que dóna de Michael Fried després d'haver llegit «Art and Objecthood»: «D'una manera digna del més fanàtic purità, dóna al món de l'art el llarg i tardà espectacle –una mena de paròdia del ready-made– de la guerra que oposa el classicisme del Renaixement (la modernitat) al Manierisme anticlàssic (el teatre). (...) Fried ha erigit l'escenari crític per a una *modernitat manierista*...»[40]

Tota l'estratègia de Smithson i el seu humor reposen sobre una incredulitat a propòsit de tot, excepte la «ficció»: l'única cosa –va dir un dia– en què podia creure. Però aquesta ficció, que cal entendre literalment i en tots els sentits però que és abans que res l'art de fingir, ell la trobava actualitzada pertot arreu en l'entorn contemporani. Per ell, com pel seu amic Dan Graham, la Utopia de la ciutat transportada al camp i de la racionalitat de l'habitatge estandarditzat es veia realitzada en les xarxes de blocs de pisos dels suburbis. Allà on Oiticica veu «construccions espontànies, anònimes» i una dinàmica del buit o de l'inacabat («l'art dels carrers, de les coses inacabades, dels camps oberts»), Smithson reconeix, al contrari, l'efecte d'un esgotament de l'energia conforme al principi entròpic establert per la termodinàmica. Quan

Herbert Marcuse veu en «la fi de la utopia» la possibilitat de noves accions d'alliberament, concretes i actuals, Smithson descriu el compliment d'una utopia negativa. Allà on un pensament procliu a objectivar-se en fórmules de creença havia dipositat eslògans o havia erigit monuments, el treball de la ficció ha introduït la negació. Un text del 1967, dedicat a l'arquitectura art déco de Nova York, «Ultramodern», aïlla la figura exemplar, al·legòrica, d'un «idealisme purament negatiu». Els anys trenta *(The Thirties)* son «un ampli *topos*» on tots els somnis, totes les imatges de la modernitat s'han cristal·litzat i han quedat fixades com en un mirall. Quan l'Estil internacional pretenia obrir la via triomfal de la modernitat, l'Ultramodern ha suspès la història en la irrealitat atemporal de la ficció. «Ja no hi ha res de nou –conclou el text– ni tampoc res de vell.»

L'any 1961, Smithson havia fet un «gran viatge» per Itàlia, dins de la millor tradició del turisme il·lustrat. Però ell visitava Roma llegint *Naked Lunch* de Burroughs. El patrimoni de la Ciutat Eterna –el centre de la cristiandat– li va semblar una acumulació «grotesca» de monuments entregats a ritus esgotats, que donaven testimoni del malson de la història europea. Tanmateix, sis anys més tard va repetir l'experiència a la seva ciutat natal a Nova Jersey. «A Tour of the Monuments of Passaic», publicat a *Artforum* el 1967, transposa el malson romà a «les ruïnes a l'inrevés» (les obres d'art en construcció) d'una perifèria «plena de forats». Smithson descriu amb exuberància allò que l'economista contemporani Melvin Weber anomenava *the non-place urban realm* (el món urbà sense lloc). La no-ciutat, sense llocs, que sembla constituïda per espais residuals, és també una ciutat sense memòria, amb uns monuments que celebren l'esfondrament del temps en l'absència de qualsevol perspectiva de futur. Perquè «els suburbis existeixen sense passat racional, fora dels "grans esdeveniments" de la història. (...) Comparat amb Nova York, que fa la sensació d'una gran densitat, Passaic sembla ple de "forats"; en cert sentit, aquests forats són llacunes monumentals que evoquen, sense voler, les petges d'un conjunt de futurs abandonats.» Per Smithson, la utopia negativa de la no-ciutat suburbial complia el destí entròpic dels monuments postmoderns que havia descrit l'any anterior («Entropy and the New Monuments»): «En lloc de recordar-nos el passat com els monuments antics, els monuments nous semblen fer-nos oblidar el futur. En lloc d'estar fets de materials naturals, com el marbre, el granit o algun altre tipus de pedra, els nous monuments estan fets de materials artificials, el plàstic, el crom i la llum elèctrica. No estan pas construïts per travessar els segles, sinó contra els segles.»

Ja es veu la distància que hi ha entre la utopia negativa d'un Smithson i la «voluntat constructiva general» que afirmava Oiticica. A «Entropy and the New Monuments», Smithson associa els *Technological Reliquaries* de Paul Thek amb les descripcions de Burroughs a *Nova Express*. Paul Thek, per la seva banda, les associava amb la nàusea sartriana. Així, som tant lluny dels «bòlids» d'Oiticica com dels «fetitxes personals» de Rauschenberg. Els nollocs perifèrics són per a l'artista brasiler un terreny d'aventura semblant als espais buits del cinema neorealista italià, mentre que per Smithson resumeixen la consumació de l'energia històrica del capitalisme industrial. Beuys és evidentment més pròxim a Oiticica, encara que comparteixi amb Smithson l'interès pel model termodinàmic. Smithson constata l'homologia entre el triomf de l'Estil internacional en l'arquitectura dels «cubs de vidre freds» de Park Avenue al centre de Manhattan («Entropy and the New Monuments») i l'expansió indefinida dels habitatges estandarditzats en la immensa perifèria dels *spectral suburbs* («A Museum of Language in the Vicinity of Art»). El mite del progrés es dissipa en els meandres de la ficció. La utopia negativa apunta a una atopia generalitzada, mentre que Oiticica, igual que Beuys, intenta distingir una línia d'evolució constructiva i utòpica. La figura emblemàtica del laberint no té pas el mateix valor en l'americà que en el brasiler. Aquesta distància imaginària és política. És tan eloqüent com la polèmica iniciada per Broodthaers contra Beuys.

El pensament de Smithson se situa en una profunda reelaboració de la relació art-tecnologia heretada dels anys cinquanta. El 1967, nombrosos esdeveniments donen fe de la prosperitat d'aquest tema del progrés: la instal·lació luminocinetista del GRAV (Groupe de Recherche d'Art Visuel) al Musée d'art moderne de la Ville de Paris, la cúpula de Buckminster Fuller i la performance tècnica del pavelló alemany de Frei Otto a l'Exposició Universal de Montreal, la inauguració del Center for Advanced Visual Studies a Cambridge, EUA, dirigit per Gyorgy Kepes, deixeble de Moholy-Nagy, la creació d'EAT (Experiments in Arts and Technology) per Rauschenberg i l'enginyer Billy Kluver, que ja havia col·laborat amb Tinguely. Però tot això no ha d'ocultar l'alteració, fins i tot el reflux, de la tendència inaugurada a París el 1955 per la famosa exposició *Le Mouvement* a la Galerie Denise René. Aquesta exposició aplegava els hereus del constructivisme revisat per Marcel Duchamp, associant l'exaltació i la burla de la màquina. A principis dels seixanta, els primers portaveus del «minimalisme», com Stella i Judd, havien rebutjat la tradició de l'art geomètric europeu caricaturitzat per Vasarely. El pop art anglès no és tecnològic. El 1965, l'exposició organitzada per William Setiz sobre l'*optical art* al MOMA va ser un gran èxit popular, però va suscitar un rebuig quasi unànime entre la premsa especialitzada. Per aquells que, com Oiticica, volien desmarcarse d'una norma «internacional» americanitzada, les convencions pop quedaran per sempre associades als efectes «op» (*optical*). A Alemanya, la nova Bauhaus, inaugurada a Ulm el 1955 sota la direcció de Max Bill, va tancar les portes el 1968, després d'haver servit com a contrast amb l'antidisseny italià (Ettore Sottsass, Andrea Branzi, etc.). A la Gran Bretanya, l'historiador de l'arquitectura Reyner Banham, inventor del New Brutalism, va publicar el 1960 una panoràmica històrica de la primera «edat de la màquina» (*Theory and Design in the First Machine Age*), que és una reavaluació crítica de les utopies de la modernitat. Set anys més tard, Banham és l'apologista escoltadíssim d'un pragmatisme oposat a l'esteticisme de la màquina. Elogia el contenidor i aconsella als arquitectes que dissenyin «edificis quasi lliures de tots els valors, per a llocs quasi desproveïts d'edificis».[41] De la mateixa manera, la casa no pot ser concebuda com una «llar», sinó com un «centre de serveis». Finalment, a Califòrnia, a la regió del Silicone Valley, Larry Bell fa servir una tècnica sorgida de la indústria militar (*high vacuum optical machine*) per donar un acabat perfecte als seus petits cubs de vidre. Però aquest fetitxisme de l'acabat (*finish fetish*), subratllat per John Coplans, estava quasi del tot lliure de qualsevol exaltació o burla de la màquina. Smithson va classificar els cubs de Larry Bell dins la família dels «monuments entròpics», al costat de les capses de Paul Thek. «Unes reflexions –va dir– reflecteixen reflexions, d'una manera excessiva però perfectament pura.» El 1968, l'exposició *The Machine* al MOMA, organitzada per Pontus Hulten, podia orquestrar «la fi de l'edat mecànica» anunciada al subtítol. Però aquest cant del cigne, al qual estava associat EAT i on no figuraven ni Smithson ni Bell ni cap minimalista, celebrava sobretot la fi de l'edat del moviment oberta el 1955.

El 1967, l'objecte d'art ja no és el signe d'una acumulació històrica que donaria fe del progrés de la civilització. Walter Benjamin ja havia assenyalat: «No existeix cap document de la cultura que no sigui al mateix temps un document de la barbàrie.»[42] Els *Oggetti in meno* de Pistoletto usaven la desdramatització per desmuntar una lògica productiva que tendeix a l'anul·lació entròpica. Però aquesta afirmació substractiva va ser durant molt de temps lletra morta en una cultura artística dominada per l'antinomia entre la modernitat i el pop art, per a la qual l'únic «objecte de menys» pensable era el que havia estat llençat, rebutjat, després del consum. Relacionat amb la «lògica de les coses vulgars i ponderables» (Greenberg), l'objecte d'art es diferencia la majoria dels casos per un suplement de negativitat. Col·locat en l'espai públic, genera un efecte d'*Unheimlichkeit*, és «nociu» (Smith), dóna testimoni d'un «malefici» (Broodthaers), com si l'«espai modern» inventat inconscientment per Mallarmé (segons Broodthaers) fos radicalment heterogeni a l'espai de la cosa pública. A partir d'aquí, tot lloc s'obre a un no-lloc, el lloc (*place*) es dissol en l'espai (*space*), com el centre històric i monumental de la ciutat moderna queda absorbit en la perifèria de les expansions suburbanes.

La utopia negativa desenvolupada en la ficció artística sembla correspondre més que mai a allò que el psicoanalista J.B. Pontalis, en un text redactat el 1967, descrivia com «la utopia freudiana».[43] Per aquest autor, la introducció de la pulsió de mort en la tòpica (teoria dels llocs) de l'inconscient, va permetre a Freud (*Més enllà del principi del plaer,* 1920) instaurar un principi absolut del conflicte, Thanatos, en oposició irreductible amb el «gran autor de síntesi» que és Eros. En aquest absolut de l'antisíntesi es funda «l'exigència de l'anàlisi», que, plantejada en termes de tòpica, contradiu totes les delimitacions del saber contemporani. «Potser –acabava dient Pontalis– caldria veure en el pensament freudià la pulsió de mort del saber. Proposem això: funciona com a u-topia (no-lloc) negativa en la cultura contemporània.» Cal aclarir que en un text posterior, del 1976,[44] Pontalis va rectificar la seva definició de la utopia com a no-lloc, i va parlar, més rigorosament, d'a-topia: mort-atopia, que l'analista entreveu en els «casos límit» als quals es veu confrontat, i que també es pot reconèixer en les «necròpolis» de la tecnologia (Baudrillard, *L'Échange symbolique et la mort,* citat per Pontalis), així com en els monuments entròpics descrits per Smithson. Quan la cosa pública s'uneix a l'atopia de la «cosa freudiana» (Lacan), el model del progrés que estructurava el relat de les avantguardes cedeix el pas a la ficció negativa d'una novel·la negra postmoderna. El domini d'aquesta ficció negativa sobre la definició de l'objecte d'art tendeix a negar qualsevol possibilitat de localització: la conquesta de l'espai porta a una defecció del lloc en un espai indeterminat i a una dispersió de l'activitat artística. L'artista no pot resistir-se a aquesta entropia si no és desenvolupant prodigis «dialèctics» tals com els «no-llocs» de Smithson, o ocupant algun lloc salvatge, inhabitat, com serà el cas en el *land art*.

El domini d'una ficció negativa sobre l'objecte d'art també ha estat entès com l'eco de la teoria crítica desenvolupada per l'Escola de Frankfurt des dels anys trenta. L'art aparegut als voltants del 1967, en les seves formes més crítiques, més enllà de l'autonomia reflexiva propugnada per la doctrina moderna a l'americana, vindria marcat massivament per un refús de la «cultura afirmativa» tal com la va denunciar principalment Herbert Marcuse. Aquesta denúncia està relacionada amb la descripció nietzscheana del nihilisme resultant de l'«ideal ascètic», i ens porta a l'exemple històric de la revolta dadaista contra els grans valors de la cultura burgesa. «Entenem per cultura afirmativa –precisa Marcuse– la cultura pròpia de l'època burgesa que l'ha conduït, en el transcurs del seu desenvolupament, a separar de la civilització el món espiritual i moral en tant que constitueix un món independent de valors i a elevar-lo per damunt d'aquella. El seu caràcter més important resideix en l'afirmació de l'existència d'un món universalment constrenyidor, que es desenvolupa sense parar, en tant que món més vàlid, i al qual l'home està obligat a adherir-se.»[45]

De tota manera, cal subratllar que els artistes del Grand Refus (segons l'expressió de Marcuse), radicalment oposats al sistema de la cultura afirmativa, difícilment podien adherir-se a l'afirmació primitivista de Dadà: «la relació més primitiva amb la realitat que ens envolta». Els faltava la confiança elemental en una alternativa utòpica. La utopia s'havia complert negativament en una atopia. Una definició local de la cosa pública, més enllà de l'objecte, suposava per part seva o bé una hipòstasi de la institució cultural que, d'alguna manera, pogués fixar o emmarcar la seva oposició al «sistema» –és l'actitud adoptada pel grup parisenc B.M.P.T.–, o bé reclamar una altra pertinença, tal com es pot trobar en l'arte povera italià (la «família pobre» de què parla Pistoletto), en Oticica (amb el tema tropicalista, de seguida corromput, per desgràcia) o en Beuys (amb el mite eurasià). En aquest cas, un poderós imaginari geopolític permetia fundar un espai sostret a la reducció entròpica. Quan aquest espai imaginari és absent, el lliscament des de la utopia negativa a l'atopia (un no-lloc construït) sembla tan inevitable com el destí entròpic.

* * *

Tal com indiquen l'humor negre de Smithson i el lirisme de la Musa venal en el cas de Broodthaers, l'extraordinària efervescència que es manifesta en l'art als voltants del 1967, amb l'adveniment de la postmodernitat, és l'explosió exuberant d'una crisi que portà, en un àmbit més ampli, als fets del Maig del 68. Es tracta d'un antiidealisme nihilista que intenta realitzar-se desvelant la façana de l'obra per mostrar l'objecte. Però l'objecte oscil·la entre el producte i la cosa. Pels artistes que són tradicionalment fabricants d'objectes, la dimensió pública de la seva activitat es fa difícilment pensable en termes d'estrictes relacions (tan si participen en l'acció com si ho fan en la comunicació). Tal com havien intentat els dadaistes i després d'ells Fluxus, molts artistes van procurar desplaçar la seva activitat fora del taller, entregant-se a performances o a «accions» (Beuys), que integren l'espai públic i el «públic» (els espectadors) en una reivindicació d'actualitat, fins i tot d'immediatesa (Pistoletto). Però la idea mateixa d'espai públic és extremament ambigua, i la seva definició ideal, que pretén ignorar l'ambigüitat, apareix sobretot com un desig benintencionat. De l'objecte es passa a la cosa més fàcilment que no pas a l'espai. En altres paraules, per a un artista, és difícil concebre l'espai sense l'objecte. El poeta o l'«home de lletres» que era Broodthaers va partir a la conquesta de l'espai fabricant objectes i comercialitzant productes.

L'espai públic, en el sentit en què l'entén Jurgen Habermas, és una invenció moderna que funda, contra l'ordre feudal, un projecte d'emancipació inacabat.[46] Però sembla que aquest projecte es vegi cada vegada més contradit per un doble fenomen de refeudalització (a partir del reforçament de les intervencions de l'Estat en l'esfera privada de l'activitat econòmica) i de privatització (que es manifesta amb l'apropiació per part d'empreses multinacionals, de competències i serveis que corresponen a l'esfera pública). Es produeix doncs una confusió en la distinció privat/públic, amplificada pel domini sobre la cultura contemporània de la propaganda mediàtica i dels procediments de normalització del ciutadà-consumidor. De manera molt diferent, l'espai públic, en el sentit que l'entenen els urbanistes, és una dada pròpiament espacial que designa uns llocs prohibits d'utilització privativa (i protegits de l'arbitrarietat per regles d'ús). Però també aquí, el rigor formal de la definició oculta una realitat confusa. La idea d'espai públic, tant si és literal com metafòrica, no permet fer abstracció dels conflictes d'interès que es manifesten en la societat real. Precisament perquè l'espai públic dels centres metropolitans i les seves institucions (museus, galeries) els semblava cada vegada més confiscat per una categoria estreta de la societat, uns artistes com ara Tony Smith o Hélio Oiticica van arribar a proposar, de maneres molt diferents, una imatge de l'espai públic que fos alhora més inclusiva que l'ordre burgès –perquè integrava el desordre de les perifèries– i fonamentalment repulsiva per a un consumidor de la ciutat històrica, monumental.

Caldrà examinar de nou les relacions entre l'art i el projecte urbà i l'espai públic, tal com es van establir a finals dels anys seixanta, en el moment d'un últim triomf de la modernitat funcionalista (que uns artistes com Dan Grahan i Robert Smithson constaten i proven d'exorcitzar). Però abans vull tornar a la conferència de Foucault, «Des espaces autres» –pronunciada, vull precisar-ho, davant d'un públic d'arquitectes–, per mirar de comprendre com la crisi de la modernitat que es declara el 1967 (i que té en la polèmica antiteatral de Michael Fried un dels signes més visibles en l'àmbit de l'art), va ser abans que res una crisi de la història, del relat històric, i de l'aspiració utòpica del progrés, que havia arribat al punt culminant. El text del qual he citat la introducció se situa en el debat sobre l'estructuralisme que va seguir l'aparició del llibre *Les Mots et les Choses* l'any 1966. A la pel·lícula de Godard *La Chinoise*, una estudiant proxinesa llança tomàquets contra el llibre de Foucault, símbol de la negació de la història (i de la revolució necessàriament exigida per l'evolució històrica). La polèmica l'havia iniciada l'any anterior Sartre, que retreia a la descripció estructuralista de *Les Mots et les Choses* el fet de fixar uns estadis històrics tot fent-ne impensable l'encadenament i, per tant, qualsevol dinàmica de transformació. El 1967, Foucault respon en diverses ocasions. Denuncia una «sacralització de la història», és a dir, «una concepció de la història organitzada segons el model del relat com a gran seguit d'esdeveniments presos en una jerarquia de determinacions: els individus queden atrapats a l'interior d'aquesta totalitat que els ultrapassa i els burla, però de la qual potser són al mateix temps els autors poc conscients.»[47]

Vull recordar que la introducció de la conferència oposa «els habitants aferrissats de l'espai» als «pietosos descendents del temps». La imatge, evidentment, forçava l'oposició, i Foucault precisa: «no es tracta pas de negar el temps; és una determinada manera de tractar allò que s'anomena el temps i allò que s'anomena la història.» Així, Foucault volia sobretot desmistificar la història: separar el relat històric del model progressista, teleològic i teològic, que és particularment sensible en la vulgata marxista i la seva utopia d'una comunitat postrevolucionària. L'alteritat assenyalada en el títol de la conferència, «Des espaces autres», afecta en primer lloc el mètode narratiu i la teoria filosòfica de la història. Foucault proposa una història diferent que intenti establir unes «configuracions», és a dir, uns conjunts de relacions, més que no uns encadenaments lineals d'esdeveniments, regits per una causalitat que ell recusa (perquè no té existència lògica).

Amb aquests debats sobre la història, les polèmiques de l'any 1967 –que marquen segons Foucault «el llindar de notorietat de l'estructuralisme»– s'associen evidentment amb la proclamació sensacional de «la mort de l'home». Els intel·lectuals formats en una ètica del compromís o, més generalment, de la responsabilitat del subjecte en la història, comencen a denunciar l'acord còmplice de l'estructuralisme amb una ideologia tecnocràtica. Per la seva banda, Foucault ressalta sobretot els mals usos d'una mitologia humanista, a la qual ell oposa la recerca d'un «òptimum de funcionament social». Però el perill és, efectivament, contribuir a una mitologia de l'enginyeria social. Ell és conscient del perill: «No voldria aparèixer com el promotor d'un humanisme tecnocràtic o bé d'una mena d'humanisme que no gosa declarar-se tal. És veritat que ningú no és més humanista que els tecnòcrates. (...) Un òptimum de funcionament pot ser definit de manera interna, sense que es pugui dir "per a qui" és millor que això sigui així. Els tecnòcrates sí que són uns humanistes, la tecnocràcia és una forma d'humanisme. En efecte, ells consideren que són els únics que posseeixen el joc de cartes que permetria definir el que és la "felicitat dels homes" i realitzar-la.»[48] Per tant, calia acabar amb la utopia humanista, que correspon a una mitologia progressista de la història. Per això calia pensar alhora una altra història (uns altres relats històrics) i uns «espais diferents», entre els emplaçaments funcionals, i el no-lloc utòpic on se suposa que s'ha de complir, fora del temps, l'ideal d'una humanitat pacificada, homogènia.

A *Histoire de la folie* (1961), que és ben bé el prototip d'una història diferent, perquè es tractava de dir, en un relat descriptiu, allò altre de la raó moderna, Foucault ja havia esbossat aquesta definició de «l'heterotopia» (espai altre) que proposa a la conferència de 1967. L'heterotopia, com la utopia, es distingeix dels emplaçaments funcionals, tals con l'espai públic. Però es distingeix igualment de la utopia, en la mesura que està localitzada, situada realment. Una descripció sistemàtica de les heterotopies, tal com l'esbossa la conferència, hauria de constituir «una mena de protesta (*contestation*) alhora mítica i real de l'espai on vivim».

Foucault busca una alternativa a la utopia, descrivint una difusió de la separació operada pel sagrat, des dels llocs de tancament i altres heterotopies anomenades de «desviació» fins al clos del cementiri que és l'«altra ciutat», on «cada família posseeix el seu negre estatge». Una segona sèrie, més exòtica, més nostàlgica, associa els jardins, les colònies, les cases de cites i els vaixells. L'última imatge del vaixell —«un tros flotant d'espai, un lloc sense lloc»— resumeix aquesta «gran reserva d'imaginació» a què sempre han acudit les utopies, i recorda la nau dels bojos de la *Histoire de la folie*. Inicialment, l'alteritat de l'espai que tendeix a la utopia havia estat reconeguda en l'experiència i el funcionament del mirall: lloc sense lloc, com la utopia, «que em permet mirar-me allà on jo no sóc», però igualment localització heterotòpica, que porta l'espai virtual a l'espai real: «A partir d'aquesta mirada que d'alguna manera es dirigeix a mi, des del fons d'aquest espai virtual que és a l'altra banda del mirall, torno cap a mi i començo una altra vegada a dirigir els meus ulls cap a mi mateix i a reconstituir-me allà on sóc.» Així, l'heterotopia podia aparèixer com l'experiència d'una alteritat utòpica anàloga a la identitat altra de la follia. Tendia a substituir el no-lloc utòpic en el sistema de relacions que defineix la identitat de la raó moderna.

Aquell mateix any de 1967, Henri Lefèbvre parlava igualment d'heterotopia, especialment a *El dret a la ciutat*, desenvolupant la utopia d'una «ciutat efímera, obra perpètua dels habitants», que havia de complir el destí de l'art com a activitat lúdica.[49] Per Lefèbvre, l'heterotopia es distingeix de la isotopia, és a dir, de l'espai homogeni i continu regulat per una equivalència funcional. Però precisament un objectiu isotòpic és el que va orientar la utopia progressista dels urbanistes de la «Carta d'Atenes», segons un rigorós ideal d'enginyeria social, amb la famosa distinció entre les tres grans funcions (habitar, treballar, recrear-se), la teoria del zonatge i el model de cèl·lula d'habitatge desenvolupada en sèries uniformes. El creixement econòmic que havia conegut l'Occident des de la Segona Guerra Mundial i la corresponent acceleració urbana van afavorir l'aplicació massiva d'aquests principis. El tema de la «conquesta de l'espai», rellançada pel programa americà de la «Nova Frontera» a principis dels anys seixanta, correspon a una lògica de creixement que encara no ha estat desmentida per la crisi dels anys setanta. De tota manera, als Estats Units, la seva fragilitat es va manifestar l'any 1967 amb la derrota anunciada al Vietnam i les violentes revoltes racials. L'imaginari espacial i arquitectònic d'integració social està lluny d'haver-se esgotat. Però la utopia progressista, o funcionalista, es fragmenta, es difumina, es contradiu, canviant constantment d'escala i integrant paràmetres heterogenis.

Aquí són necessàries algunes precisions. En efecte, des dels primers projectes de «ciutats espacials» de Yona Friedman, deu anys abans, l'arquitectura i l'urbanisme anomenats «visionaris» havien desenvolupat explícitament una interpretació utòpica del model megaestructural elaborat per la generació de Le Corbusier. La conquesta de nous espais de vida més enllà de les superfícies útils ja existents s'havia convertit en un tema obsessiu en els països massa densos, com el Japó, amb Kenzo Tange i els metabolistes, o els Països Baixos, amb el projecte de ciutat vertical evolutiva, *New Babylon,* desenvolupat per Constant per organitzar la nomadització de la població mundial. Es troba una orientació similar en les proposicions del grup anglès Archigram. Constant era pintor. El 1953, havia realitzat a l'Stedelijk Museum d'Amsterdam, amb el seu compatriota, l'arquitecte Aldo van Eyck, una instal·lació «color-espai», acompanyada d'un manifest titulat «Per un colorisme espacial», que reprenia la idea avançada per Mondrian i De Stijl d'una superació de la pintura en l'arquitectura (idea ja citada a propòsit d'Oiticica i del neoconcretisme brasiler). Tot i ser arquitectes de formació, els membres d'Archigram també trencaven decididament amb el realisme de la concepció arquitectònica per privilegiar una imatgeria urbana deslliurada de les constriccions actuals de la construcció, com el joc està deslliurat de l'ordre del treball.

Durant tota la dècada, es van anar formant estranyes combinacions entre els interessos aparentment més contradictoris, com el comunitarisme hippy i l'exaltació del progrés tècnic, la ciutat ideal i la mobilitat nòmada (associada a la idea de la mobilitat del treballador en el tema de la casa-mòbil). La utopia funcionalista perdia la seva referència essencial a un ideal progressista que l'entropia social no cessava de contradir. L'entusiasme pel monumentalisme tecnològic de les ciutats del futur va començar a decaure, en el moment en què la miniaturització dels aparells informàtics es combinava amb unes concepcions grandioses del decòrum d'empresa dominant l'espai públic (o produint, com la Ford Foundation de Nova York, el seu propi «espai públic»). Com a exemple particularment significatiu, el motiu de la cèl·lula d'habitatge, que havia estat central en els projectes funcionalistes d'estandardització de la vivenda des dels anys vint, no és que desaparegui, però tendeix a dissociar-se del pla d'urbanisme i a desfer-ne la regularitat, presentant-se com un espai altre (utòpic o heterotòpic). Mentre que l'elementarisme dels anys vint –per al qual la cèl·lula d'habitatge és l'element de base de la construcció urbana– apuntava a una concepció estàtica i monumental de la ciutat metropolitana, malgrat la importància que s'atorga a les vies de comunicació, el llenguatge d'Archigram adopta una nova imatgeria de la velocitat i dels objectes en moviment associada a la idea d'equipaments de supervivència (*survival kits*). El 1967, el grup es projecta «més enllà de l'arquitectura» (*Beyond Architecture*, títol d'una exposició al Museum of Modern Art d'Oxford); Mike Webb posa a punt un hàbitat-vehicle autònom (el *Cushicle*) dotat de tots els serveis necessaris: «una unitat nòmada completa, totalment equipada.»[50]

Més enllà de la construcció industrial heretada del segle XIX, que va permetre als utopistes del Moviment modern imaginar la ciutat ideal dels temps moderns, els enginyers de sistemes havien de poder solucionar els problemes més difícils de medi ambient i d'organització social, ja que eren capaços de posar en òrbita satèl·lits habitats. Aquests enginyers eren els «nous utopistes» descrits irònicament el 1965 per R. Boguslaw a *The New Utopians: A Study of System Design and Social Change*, entre els quals Tomás Maldonado situa la figura de McNamara, un dels principals ideòlegs responsables de la intervenció dels Estats Units al Vietnam.[51] La vella utopia de les megaestructures es veia substituïda per un nou ideal d'enginyeria política i social. Però, simultàniament, una altra utopia, carregada d'ecos primitivistes, s'havia afirmat igualment, i es desmarcava del tecnocratisme de la «raó instrumental» (denunciada per Marcuse i Habermas seguint Horkheimer). Aquesta utopia és una contrautopia. És la de l'artista-*bricoleur* i el seu *système D* diferent de l'enginyer (segons l'esquema proposat per Lévi-Strauss a *El pensament salvatge*),[52] tal com apareix exemplarment a l'arte povera. Però també es pot manifestar entre els enginyers, a totes les activitats de disseny que permeten al somni expressar-se, i s'alimenten en la «gran reserva d'imaginació» (Foucault) contra els horitzons uniformes de la planificació. Ettore Sottsass exposava el 1967 a la Galleria Sperone, a Milà, i després a La Bertesca, Gènova –la galeria on es van presentar els *Oggetti in meno* de Pistoletto–, unes grans ceràmiques en forma de columnes totèmiques, *Menhir, Ziggurat, Stupas, Hydrants & Gas Pumps*.

Als Estats Units, la contrautopia es manifesta en els anti-monuments imaginats per Claes Oldenburg a partir del 1965: monuments «colossals», sobredimensionats, que projecten la proximitat de l'objecte domèstic, manipulable (ós de peluix, utensili domèstic, o objecte sexual), en la distància de l'espai públic.[53] El 1967, Oldenburg dissenya un monument en forma d'agulla d'estendre la roba: *Late Submission to the Chicago Tribune Architectural Competition of 1922*, que parodia el sobredimensionament de la columna dòrica proposada per Adolf Loos per al famós concurs de 1922. El tema de l'escultura tova, de l'objecte d'ús (o de consum) augmentat-estovat, està subjacent a la majoria dels seus projectes. El pas de l'objecte augmentat-estovat (exposable) al monument colossal és exemplar a *Soft Drainpipe*, proposat per a un projecte a Toronto: l'element líquid havia determinat per contagi metonímic la forma estovada de l'objecte que envaeix l'espai públic. El mateix any, a *Thames Ball* (proposta d'un monument colossal sobre el Tàmesi), el sobredimensionament d'un globus flotant sobre el riu complex la transformació utòpica del paisatge urbà en una «forma esfèrica condensada». L'antimonument funciona com una contrautopia en la mesura que altera radicalment la monumentalitat instituïda del centre urbà. L'artista-*bricoleur* somia d'intervenir a l'escala del territori metropolità, l'ordenament del qual sol estar reservat als enginyers i, en una mesura més petita, a les agències d'arquitectura més actives. El model declarat d'Oldenburg és Robinson Crusoe: el nàufrag abandonat en una illa que fa bricolatge per construir-se tot un univers de supervivència. El cas és que, des de Thomas More, l'excepció utòpica sempre havia estat definida per una autonomia insular.

No pot sorprendre que el fet d'apuntar a la cosa pública, en el cas dels fabricants d'objectes imaginaris (no funcionals), excedeixi, com la utopia, la mesura de l'espai públic i tendeixi a privilegiar la desmesura dels espais buits, salvatges, residuals o perifèrics, amb el perill d'alienar-se la utopia dels enginyers de sistemes. S'ha de reconèixer, per exemple, que els monuments d'Oldenburg, des del moment que van poder ser realitzats, van anar perdent de mica en mica la seva eficàcia subversiva per alinear-se en un sistema d'ordenament teatral i decoratiu. L'imaginari del bricolatge és extremament fràgil quan ha d'adaptar-se a la lògica d'un projecte, i particularment d'un projecte urbà. L'excés del somni tendeix a dissipar-se en els grans horitzons de la planificació i del disseny social. La dificultat procedeix de l'ambigüitat constitutiva de la utopia (que Foucault va intentar resoldre o desplaçar en parlar d'heterotopia). D'una banda, ruptura, desplaçament; de l'altra, sutura, tancament, homogeneïtzació. Louis Marin ha subratllat aquesta ambigüitat en el moviment narratiu del text de Thomas More que explica la formació de l'illa anomenada «Utopia»: «És creada precisament per un acte de violència, de ruptura d'un continent que More anomena "Abraxa" i que sembla designar en el seu nom i les seves característiques un espai homogeni, isòtop, informe, sense funció: dit d'una altra manera, el primer gest utòpic és el de constituir un lloc, una localitat, per la violència que es fa a un espai, a una espacialitat. De tota manera, un cop constituït aquest lloc, l'utopista (el Rei fundador Utopus) en farà justament un espai: aquest lloc no tindrà llocs, organitzat de manera perfectament homogènia, pertot arreu hi regnarà el Mateix.»[54]

L'observació de Louis Marin subratlla l'ambigüitat de la utopia, que pot operar com a ruptura i com a sutura. La utopia és crítica (una paraula emparentada amb «crisi») en la mesura en què la crítica és abans que res una decisió que «talla» –tal com indica l'etimologia llatina *decidere*. La utopia, que és solució d'una crisi, suposa una decisió prèvia. En aquest sentit, pot participar de l'activitat crítica fundadora de l'«espai públic», tal com Jurgen Habermas va reconstruir-ne la gènesi des de l'establiment de l'Estat modern, postfeudal, fins al compliment de la Il·lustració en el règim constitucional burgès. En descriure una variant heterotòpica de la utopia, Foucault va intentar resituar i difondre aquesta dimensió crítica en un sistema d'espais funcionals i imaginaris. Així, la seva conferència del 1967 dóna un substrat llegendari al realisme crític que caracteritzarà les anàlisis de *Surveiller et Punir* (1975). En efecte, en aquest llibre, Foucault sosté que el somni de transparència de la Il·lustració, oposat a l'arbitrarietat i el secretisme del poder feudal, contribueix a la instal·lació d'un nou règim de poder fundat en la vigilància, la disciplina, el control. La utopia crítica es compleix en la utopia disciplinària. Però l'heterotopia permetia imaginar un retorn de la utopia disciplinària a la utopia crítica, ja que la presó, l'asil, estaven emparentats amb el jardí tancat i amb el vaixell, en una gran llegenda de l'exili, el crim i els plaers.

Després de Reinhardt Koselleck (*Kritik und Krisis*, 1959), Habermas descriu l'exercici i la institució d'una crítica racional del poder, situant-los en un procés d'autonomització de l'esfera pública enfront de l'Estat, que correspon al desenvolupament de les forces productives del capitalisme. Aquest procés s'inverteix quan l'espai públic burgès es desintegra amb l'augment de poder de l'Estat social a les democràcies de masses. Habermas lamenta la manipulació de l'opinió per part de la propaganda mediàtica. També constata que «l'ideal» burgès formulat en el concepte d'humanitat no ha pogut mantenir les seves promeses. Però, segons Habermas, aquest ideal ultrapassava la ideologia burgesa. Apareix a l'espai domèstic i a l'intercanvi epistolar, quan la socialitat es conjuga amb la intimitat, quan «l'espai públic del saló» es confronta amb la cambra matrimonial i quan la correspondència privada pot ser publicada. Foucault, per la seva banda, no creu en el regne de l'opinió, ni en una confrontació de la societat civil amb el poder de l'Estat. Proposa una altra definició del poder, menys massiva, més difusa. A l'era de l'Estat modern, el poder és la tecnologia d'una «societat disciplinària» que produeix una norma de la individualitat com a nova forma de subjecció. Cito un famós passatge de *Surveiller et Punir:* «L'individu és sens dubte l'àtom fictici d'una representació "ideològica" de la societat; però també és una realitat fabricada per aquesta tecnologia específica del poder que s'anomena "la disciplina". Cal cessar de descriure sempre els efectes del poder en termes negatius: el poder "exclou", "reprimeix", "censura", "abstreu", "emmascara", "oculta". De fet, el poder produeix; produeix realitat; produeix àmbits d'objectes i rituals de veritat.»[55]

Als voltants del 1967, aquestes divergències entre Habermas, hereu de l'Escola de Frankfurt, i Foucault no podien donar lloc a cap debat i encara menys a cap intent de síntesi. El debat no es va produir fins als anys vuitanta, sobretot als Estats Units, i en el context ambigu d'una postmodernitat dividida entre la necessària crítica d'una modernitat instrumentalitzada i un eclecticisme neoconservador. Aleshores va ser quan la posició normativa d'Habermas, que s'havia ampliat molt des de la publicació de

Strukturwandel der Öffentlichkeit (El canvi estructural de l'esfera pública), va poder aparèixer com una barrera contra la ideologia neoliberal que s'imposava a totes les esferes administratives d'una societat refeudalitzada, especialment als Estats Units. El model d'espai públic polític («políticament orientat») proposava una revisió de les normes modernes, fundades en un exercici de la raó crítica, que fos una resistència contra l'amnèsia cínica i el tradicionalisme dogmàtic, i també contra la idea d'una dissolució de la sobirania popular en la coexistència de comunitats heterogènies. Però, poc abans de les revoltes del 1968, el representant més influent de l'Escola de Frankfurt en els medis estudiantils contestataris i en el moviment de la contracultura era evidentment Marcuse. El pensament de Benjamin, que actualment és present pertot arreu, només era objecte de debats polítics a Alemanya, uns debats que oposaven fonamentalment els marxistes brechtians i el cercle d'Adorno. Habermas no va entrar en aquest debat fins al 1972. Aleshores va oposar al mètode de Benjamin la idea d'una «superació de la cultura» que ja havia estat avançada per Marcuse. Foucault, per la seva banda, va ignorar l'Escola de Frankfurt fins a finals dels anys setanta i sembla que no es va interessar mai per Benjamin. A finals dels anys seixanta, moltes connexions que actualment són gairebé automàtiques encara estaven per fer. El fenomen més notable era la diversitat entre les noves formes de crítica social i el compromís polític dels intel·lectuals més enllà del model sartrià, que tendia a dissipar-se en la xarxa interdisciplinària de les ciències humanes.

Habermas sostenia que la ideologia burgesa portava en l'ideal d'humanitat el principi utòpic de la seva pròpia superació. Aquest ideal, en efecte, permetia identificar el ple accés a l'esfera pública política, sota el títol de «ciutadà», i la realització d'una subjectivitat interioritzada. És temptador de veure-hi, transposat en el context del capitalisme, el model antic de la ciutadania, que suposa una disponibilitat alliberada del treball: un model reconstruït per Hannah Arendt contra el model marxista de dissolució del polític en el social. Vull precisar que segons aquesta mateixa lògica, Arendt distingia l'obra del procés de treball i, a un nivell inferior, l'objecte d'ús del producte de consum. També es pot pensar en les anàlisis del marxista braudelià Immanuel Wallerstein sobre l'ideal aristocràtic de la burgesia que intenta convertir en rendes un capital productiu.[56] Vull recordar que el model d'autonomia desenvolupat per l'art modern és indissociable del mecenatge exercit per aquesta burgesia aristocràtica. L'ideal d'espai públic de la Il·lustració estava reservat als propietaris, en la mesura en què participava de la ideologia burgesa, i per això Marx va oposar-hi un «contramodel socialista» (Habermas). Aquest contramodel es va veure realitzat al segle XX amb la instal·lació dels règims comunistes totalitaris i burocràtics, necessàriament hostils a l'autonomia de l'art modern. En els règims democràtics, afrontats des mitjan segle XIX amb la qüestió social provocada per les reivindicacions dels no-propietaris, l'ideal de l'esfera pública burgesa s'havia desfet amb la instauració de l'Estat social, o l'Estat-providència, i no va resistir l'expansió de la cultura de masses.

Per la seva banda, Foucault, a partir d'*Histoire de la folie*, va dur a terme una descripció dels procediments de racionalització que defineixen el tractament modern de l'exclusió. Així, simplificant, per una banda hi ha una crítica de la dominació de cara a una emancipació promesa i esbossada per l'ideal d'humanitat burgesa. D'altra banda, uns intents de descripció del principi d'exclusió emmascarat per aquest ideal. Aquests intents responen a experiències d'una altra subjectivitat, en la mesura que el subjecte produït pel poder pot criticar, posar en crisi la subjecció que el defineix. És lògic que Foucault fos, després de Marcuse, més sensible que Habermas a les experiències alternatives i a les lluites antiinstitucionals de la contracultura, i que evités al mateix temps fixar un projecte d'emancipació global. També és lògic que el pensament de Foucault trobés més ressò que el de Habermas entre els artistes radicals de finals dels seixanta, almenys quan s'havien desprès de l'esquema marxista, que apuntava a l'apropiació col·lectiva dels mitjans de producció. L'autor d'*Histoire de la folie* volia pensar –i per tant introduir en el llenguatge racional– les «experiències límit» i l'«absència d'obra» de la follia, capgirant contra l'evidència de la raó la «decisió» per la qual havia estat exclosa la follia. D'aquesta manera, el projecte històric es presentava a si mateix com una experiència, emparentada amb proposicions literàries i artístiques de superació extàtica (Bataille), de «desapropiació» (Camille Bryen) o de descondicionament (Dubuffet).

Habermas ratificava les descripcions més negatives de la societat de consum, oposant sistemàticament el present degradat de la indústria cultural a un «antany» idealitzat. Comenta llargament el «declivi de l'esfera pública literària», en el mateix moment en què McLuhan publica el seu rèquiem *La galàxia Gutenberg*. Subscriu les anàlisis d'Adorno sobre el caràcter regressiu del jazz. En realitat, Habermas s'havia privat de qualsevol possibilitat d'una descripció més matisada. Havia exclòs d'entrada del seu camp d'estudi l'alternativa popular a la cultura burgesa: el que ell anomena «l'esfera pública plebea», i resumeix el seu fracàs amb la desfeta del moviment cartista a la Gran Bretanya. També havia restringit a Europa (Gran Bretanya, França i Alemanya) l'àmbit de constitució de l'espai públic, amb l'excusa que Amèrica no havia hagut de desfer-se d'un sistema feudal autòcton. Els Estats Units només són presos en consideració –i aleshores ho són molt àmpliament– a la segona meitat de l'obra, que tracta de la desintegració de l'espai públic. Però són precisament aquests prejudicis el que m'interessa, més que no pas les seves conseqüències o rectificacions posteriors. Subratllen la pervivència de l'herència de la Il·lustració en la pràctica progressista d'inspiració marxista dels anys seixanta, així com la dificultat dels pensadors d'aquesta tendència a l'hora d'apreciar l'evolució de les democràcies fora de l'esquema d'un eixamplament-superació del model central de l'ideal burgès. Vull afegir que Habermas veia l'avantguarda artística condemnada a l'obsolescència ràpida de les produccions modernes o a efectes de moda.

Habermas proposava un recentrament un pèl melancòlic de la utopia sobre l'ideal burgès. Foucault, al contrari, parla de la «dispersió» que va venir després de l'organització en «quadre» de l'era de la representació clàssica (*Les Mots et les Choses*). Lacan havia traduït la cèlebre frase de Freud *Wo Es war, soll Ich werden: Là où c'était, je dois advenir* (Allà on era allò, haig d'advenir jo).[57] Però aquesta possibilitat d'integració psíquica no podia ser una racionalització. Al contrari del principi marxista d'integració social, Foucault subratlla les divisions subjacents a l'ordre racional instituït, que multipliquen les dificultats d'integració psíquica. Més que proposar un mode nou d'integració social, Foucault accentua les ruptures i la dispersió, segons l'exemple de les experiències patològiques transformades de vegades en projectes artístics, com l'escriptura de Raymond Roussel (que va ser, ho vull subratllar de passada, un exemple per a Duchamp). Recentrament en Habermas, dispersió en Foucault: les dues crítiques de la racionalització moderna partien doncs de premisses oposades. Els dos filòsofs-historiadors proposen dues concepcions diferents de l'espai. Però la recerca d'«un concepte normatiu d'espai públic» en la redefinició de la sobirania popular no pot ignorar les objeccions foucauldianes a qualsevol projecte global centrat en un ideal d'emancipació.

Aquestes dues concepcions de l'espai intentaven situar una producció moderna de la subjectivitat fora de l'esquema alienació-liberació. Aquest projecte és explícit en el cas de Foucault. Per la seva banda, Habermas espacialitza el model històric de la relació dialèctica privat-públic descrivint la distribució de l'interior burgès. Però em sembla significatiu que les últimes observacions del prefaci del 1990 a *Strukturwandel der Öffentlichkeit* discuteixin una obra titulada *No Sense of Place*, on l'autor, J. Meyrowitz, compara abusivament la ruptura de les «fronteres socials» de l'era de la informació electrònica amb la feblesa del «sentit del lloc» en les societats caçadores i recol·lectores, com ara les tribus nòmades. Aquest tema de la pèrdua del lloc, associat al nomadisme, estava molt present, tal com ja he indicat, als anys seixanta. Qualsevol alternativa al model burgès de la dualitat privat-públic i a la forma estatal que li correspon sempre es formula, en un moment o altra, en termes d'espai i de territori, i en una relació lloc-espai (que no deixa de desplaçar-se al seu torn). Simultàniament, una antropologia crítica va començar a referir-se a les societats anomenades primitives per qüestionar el paradigma acumulació productiva-estandardització-consum: la societat contra l'Estat (Pierre Clastres) i una societat d'abundància, sense acumulació (Marshall Sahlins).

L'alternativa al sistema burgès-capitalista no se situa necessàriament en un espai altre, utòpic, sinó en allò que es podria anomenar literalment un altre espai històric. Jo diria que la definició apassionada i sovint ingènua d'aquest altre espai caracteritza l'orientació comuna a l'art i l'antropologia crítiques dels anys seixanta. L'heterotopia desplaçava l'espai públic i el debat ideològic a les perifèries de la racionalitat occidental. Això es manifesta en els brasilers Oiticica i Rocha. A Europa, des dels anys quaranta fins a principis dels seixanta, el cinema neorealista italià, des de *Roma, città aperta* (Rossellini, 1945) fins a *Accattone* (Pasolini, 1961), va produir una faula dels marges urbans emparentada amb l'imaginari dels descampats de la «zona» parisenca però més apropada a la realitat del Tercer Món i de les ex-colònies. El 1967, després d'un assaig sociològic sobre la nova barriada, on els grans blocs havien substituït les barraques (*2 ou 3 choses que je sais d'elle*), Godard realitza *Week-end*, un film carnavalesc, *bête et méchant* com el setmanari satíric *Hara-Kiri* i «film d'etnòleg sobre un món imaginari». Godard, militant d'un cinema favorable a les lluites del Tercer Món, barrejava, en l'excés, la teatralitat ritual i irracional del happening, del Living Theatre (del qual li havia agradat molt el film realitzat amb col·laboració amb Bernardo Bertolucci *Il fico infruttuoso*), amb la de Glauber Rocha, en la línia de l'anarquia buñueliana.

En l'àmbit de l'arquitectura, afectada més directament per l'espai que el cinema, i més propera a les arts de l'objecte, un personatge important per al meu argument és l'holandès Aldo van Eyck, de qui ja he assenyalat la col·laboració amb el pintor Constant. Van Eyck forma part, amb Alison i Peter Smithson, en els anys cinquanta, dels contestataris interns del Moviment modern encallat en un programa funcionalista massa rígid. En aquesta època s'interessa per l'arquitectura aliena, no occidental, dels poblats dogons i pueblos. Van Eyck no buscava una ruptura exòtica de la racionalitat. El que va trobar en els poblats dogons va ser el model d'un sistema integrat, urbà i psicològic: una identificació de la casa amb el poblat, mitjançant l'experiència diferencial de cadascú, dins d'una xarxa d'afinitats i localitzacions múltiples. Cita el testimoni de l'etnòleg Fritz Morgenthaler: un dels seus amfitrions, per ensenyar-li la seva casa, li va fer recórrer tot el poble i visitar altres cases ocupades per parents, abans de guiar-lo finalment a la casa on vivia ell. Van Eyck comenta: «La identificació psicològica casa-poblat (o ciutat) no depèn necessàriament d'un lligam col·lectivament condicionat de l'individu a certs indrets: és una idea prou clara.» Així, el model es desmarca de les utopies col·lectivistes. Aldo van Eyck pot afegir: «Ciutat pensada com una casa, feta de cases (d'edificis) pensades com ciutats, agradable per la seva intel·ligibilitat i pel seu caos, alhora homogènia i calidoscòpica (això jo ho anomeno claredat laberíntica).»[58] Aquesta claredat del laberint dogon evoca l'errància i la gràcia burlesca de Monsieur Hulot a la gran pel·lícula de Jacques Tati, *Playtime* (1967). Precipitant les catàstrofes, segons el seu costum, Hulot, víctima de l'hermetisme d'alguna administració, és l'agent d'un caos que transfigura l'escenari desorientador d'una ciutat hipermoderna en un teatre efímer que també és un àmbit fabulós d'afinitats.

El model elaborat per Van Eyck és notable, en el context de la contracultura dels anys seixanta, en el sentit que no pot ser reduït a un imaginari comunitari oposat a l'individualisme i a la freda impersonalitat de la societat moderna. Van Eyck mira d'evitar l'oposició societat/comunitat, particularment pesant en la història cultural i la llengua dels alemanys (amb l'obsessionant antinomia *Gesellschaft/Gemeinschaft*). El poblat dogon és una realitat local i un model per a la ciutat occidental contemporània. No és pas la imatge exòtica d'un ordre cultural estable radicalment distint i protegit de la dinàmica entròpica de les societats industrials. És un sistema intel·ligible i un caos, que ofereix als procediments d'integració psíquica un territori definit i variable. De tota manera, en aquesta descripció es troba la figura de l'«oxímoron» (la «claredat laberíntica») que, des del romanticisme, ha permès moltes vegades conciliar elements inconciliables i resoldre les contradiccions gràcies a la màgia de la paraula poètica. L'homologia normativa de la casa i la ciutat la recupera de l'arquitecte del Renaixement Leon Battista Alberti, però revestida amb un valor de complexitat oposat al model funcionalista d'un espai isòtrop. Fet i fet, el text de Van Eyck no és cap testimoni verídic, encara que s'inspiri en una investigació etnològica, sinó una ficció que es burla de les antinomies i dels «antònims abstractes» del discurs occidental.

Aquest text intenta produir la idea d'un espai altre, coextensiu a una comunitat lligada per «una cultura que no sigui indeterminada negativament, sinó positivament: que permeti, essencialment, que cadascú desenvolupi la seva individualitat a la seva manera». Igual que Foucault, Van Eyck intenta definir un espai altre no utòpic: un híbrid de fets observats i d'imaginació, una extrapolació-ficció sense objectius totalitaris. Intenta sobretot desfer l'oposició privat/públic sobre la qual s'han edificat des del segle XVIII la societat i l'Estat burgès, però sense perdre el costat positiu de l'individualisme, ja que l'autor subratlla que la identificació entre casa i poblat no impedeix necessàriament que la casa canviï de propietari (encara que aquest sigui el cas entre els dogons!). Això equival a situar la intimitat, com a condició necessària d'una integració psíquica i social, més ençà i més enllà de l'esfera privada, o més ben dit, fora de la dialèctica privat-públic que transposa en el pla polític l'abstracció del dret burgès denunciada pels marxistes. Aquesta intimitat només pot ser territorial, si no és un replegament, inigualitari i antipolític, en l'esfera privativa (segons Hannah Arendt). De cap manera pot reduir-se a una pertinença fusional en una formació col·lectiva totalitària o a l'efecte d'una distribució programada de les diferències. Precisament perquè és conscient d'aquest risc, Van Eyck imagina una cultura positivament indeterminada: és a dir, un ordre social constituït per una invenció permanent de diferències (la famosa «claredat laberíntica»).

Fins ara he parlat de l'espai (*space*) i del lloc (*place*). El territori és una noció geogràfica i etnològica. Amb el territori apareix una interacció i una tensió extrema: d'una banda, l'organització, l'administració, el control dels intercanvis i les poblacions (allò que Foucault anomena el «biopoder»), de l'altra, l'apropiació subjectiva d'un medi ambient i d'una àrea de mobilitat individual o col·lectiva (és la manera com els artistes de l'arte povera van tractar l'*ambiente*). A finals dels anys seixanta, la tensió es va fer particularment perceptible en l'àmbit de l'arquitectura, quan alguns arquitectes, cada cop més nombrosos, van comprendre que la seva disciplina estava segrestada pels tecnòcrates i pels enginyers (que decideixen l'ordenament del territori i organitzen la xarxa de comunicacions). A Itàlia, sobretot, es va produir una reavaluació de l'autonomia de la disciplina arquitectònica, sobre un fons de geografia humana i, més àmpliament, de les ciències humanes, tal com ho demostra l'obra d'Aldo Rossi, del 1966, *L'architettura della città* (o, en un to més seriós, el llibre de Giorgio Grassi *La costruzione logica dell'architettura*, del 1967). Van Eyck, per la seva banda, dóna prioritat a la dimensió mediambiental i subjectiva del territori urbà com a xarxa de «localitzacions múltiples», tot i lamentar que la societat industrial sigui «impermeable a l'esperit ecològic». Cita una carta de Morgenthaler: «Una cosa més: el dogon només se sent bé i feliç al país dogon, en el territori on el seu poblat es troba situat entre altres poblats. No obstant això, segurament és veritat dir que el seu poblat, en la regió i el país en què se situa, també forma part de l'ordre total del món, i així pot trobar substituts en les experiències apropiades. D'aquesta manera, se sentirà a casa no solament al seu poblat entre altres poblats, a la regió i al país als quals pertany, sinó que també *serà* a casa seva, en sentit propi, explicant una història a un altre dogon en un país estranger.» El territori no és pas una dada estrictament geogràfica; és un espai relacional de pertinença; és l'espai compartit del relat, que es constitueix al voltant del narrador, personatge exemplar de l'experiència tradicional premediàtica descrit per Walter Benjamin.

El Moviment modern va produir una concepció general de l'espai, deslligada de les particularitats locals i també de les noses del vocabulari eclèctic. Aquesta concepció reposava sobra la primacia de la mobilitat i el desplaçament (que podríem escriure «des-plaçament»). «L'arquitectura –deia Le Corbusier– és circulació.» Les metròpolis modernes va ser concebudes per satisfer les noves exigències de comunicació relacionades amb l'acceleració dels intercanvis econòmics. Entre els membres del Team X, Aldo van Eyck va ser qui va intentar substraure la primacia de la mobilitat fora de l'esquema d'organització funcionalista i quantitativa al qual havia quedat reduïda la invenció de l'espai modern. Per ell, el transport només era un aspecte de la comunicació que al seu torn era un aspecte de la mobilitat irreductible a la vida urbana, ja que és constitutiva de l'associació humana en general. En reconèixer el contingut subjectiu i narratiu d'aquesta mobilitat, Michel de Certeau va poder establir o reformular, posteriorment, a *L'Invention du quotidien,* del 1980, la distinció lloc/espai que artistes com ara Carl Andre, Beuys o Fabro havien interpretat en termes fenomenològics. Van Eyck, després dels dos pensadors de l'heterotopia, Foucault i Lefèbvre, em porta a l'altra interpretació, proposada per Michel de Certeau: «És un *lloc* l'ordre (sigui quin sigui) segons el qual els elements són distribuïts en relacions de coexistència. Així doncs, s'hi troba exclosa la possibilitat que dues coses es trobin al mateix indret. Hi regna la llei del "propi":

els elements considerats són uns *al costat* dels altres, cada un situat en un indret "propi" i distint que ell defineix. Un lloc és doncs una configuració instantània de posicions. Implica una indicació d'estabilitat. Hi ha *espai* així que es prenen en consideració vectors de direcció, quantitats de velocitat i la variable del temps. L'espai és un encreuament de mòbils. Es veu animat, d'alguna manera, pel conjunt de moviments que s'hi despleguen (...). En suma, *l'espai és un lloc practicat.* Així, el carrer geomètricament definit per un urbanisme és transformat en espai pels vianants.»[59]

La distinció espais/llocs, completada per la distinció recorreguts/mapes, va permetre a Michel de Certeau descriure els «relats d'espai» que constitueixen l'apropiació d'un territori urbà per part dels seus habitants, privilegiant el recorregut (*tour*) sobre la descripció o anàlisi dels llocs. La utopia d'un espai de mobilitat isotòpica, tal com va ser desenvolupada pels teòrics i els planificadors de l'urbanisme funcionalista, és una negació dels relats d'espai, i al mateix temps una fixació dels espais de recorregut en una xarxa conforme a l'ordre del lloc. Es podria dir que la utopia moderna ha pres el relleu de l'ideal barroc i el seu compliment haussmannià a París. L'ideal d'una mobilitat urbana fixada en una representació total (o una imatge global), a la glòria del príncep, es perpetuava a finals dels anys seixanta en els grans gestos de l'urbanisme decidits o avalats pels caps d'Estat, representants sovint abusius de la sobirania popular, que reencarnaven el Rei fundador Utopus. En aquest context, territori-mobilitat-relat formaven el paradigma d'una subjectivitat moderna alternativa, heterotòpica, distinta de la figura del consumidor o conqueridor de l'espai: aquesta imatge d'una sobirania comuna i impersonal que Warhol va voler encarnar.

* * *

Warhol, que volia treballar com una màquina, s'havia fixat una disciplina i potser s'havia llançat un repte. A principis dels anys seixanta, nombrosos artistes americans, oposats al subjectivisme de l'expressionisme abstracte tardà (*Tenth Street*), anhelaven una impersonalitat que fos alhora una ascesi i una evidència formal. Per la banda del pop, la reducció ascètica venia acompanyada d'una referència insistent a l'objecte «comú», mercaderia-fetitxe d'una comunitat de consumidors. A aquesta ascesi, hi podem oposar la intimitat primitivista dels «fetitxes personals» produïts a Europa per Rauschenberg, abans del seu període protopop. En l'obra d'Oldenburg, el grotesc participa igualment d'una sobrevaloració idiosincràtica i antipuritana de l'objecte vulgar, conforme al programa de descondicionament cultural propugnat per Dubuffet. Però Warhol va establir una nova norma. Va extreure conseqüències de la dissolució del model de la burgesia europea en la cultura americana. Aboleix la dialèctica privat-púbic i suprimeix tots els matisos d'una tradició pictòrica compartida des del romanticisme entre l'aventura heroica i el recés intimista. Més enllà del bricolatge (Rauschenberg, Oldenburg, etc.) i amb la pretensió d'imposar una disciplina hipertayloriana, Warhol va fixar la norma indiferent d'una intimitat comuna i sense recés, que excedeix el somni de transparència heretat de la Il·lustració. A Europa, les respostes pictòriques més conseqüents van procedir dels artistes alemanys, Richter i Polke, que van tornar a introduir referències romàntiques en el tractament dels tòpics mediàtics. Richter reivindicarà cada cop més la posició d'un pintor burgès en l'avantguarda, mentre que Warhol havia rebutjat aquests dos paràmetres històrics.

Si ens situem en el marc de reflexió d'aquest assaig (l'objecte d'art i la qüestió de l'espai extrapictòric), cal reconèixer que la norma de l'objectualitat enunciada en el moviment minimalista deixava poc lloc a una experiència de la intimitat. Recentment, Vito Acconci ha explicat les seves primeres performances com un rebuig (edípic) del dogma minimalista, que l'havia portat a una necessària inversió de l'orientació. El minimalisme, subratlla Acconci, efectivament havia ampliat el camp de l'art. Des de Smithson, era centrífug, apuntava cap enfora. Però «podia venir de qualsevol lloc, com si hagués estat allà des de tota l'eternitat, com el monòlit negre de *2001, una Odissea de l'espai*.»[60] Així, imposava a l'espectador una actitud de respecte devot. Calia, doncs, girar-se des de l'exterior cap a l'«origen» del fer. Aquest origen era el *doer* (el qui fa), i el *doer* s'havia d'exposar. A finals dels anys seixanta, tornava una ideologia del risc, que havia marcat la retòrica dels anys cinquanta, però en un mode menys heroic. El 1967, després de la grossera consagració a l'exposició *Primary Structures* l'any anterior, i de la seva condemna per part de Fried, el minimalisme apareixia sobretot com una hipermodernitat herètica. Quan Judd estava a punt de tornar a l'ortodòxia, quan Smithson es feia advocat del diable i intentava federar totes les heretgies possibles, ja havien aparegut altres posicions, més excèntriques a la modernitat, tal com havia indicat Lucy Lippard en organitzar una exposició titulada precisament *Eccentric Abstraction* el 1966. A Nova York, hi havia almenys Eva Hesse, animada per Sol LeWitt, i lluny de Nova York, a Califòrnia, Bruce Nauman, que realitzaria una mena de síntesi entre una ironia neodadaista d'inspiració duchampiana, resumida per Jasper Johns, i un humor més aviat místic, característic de la costa oest.

La gràcia que Michael Fried imaginava en algun ideal inaccessible d'aquest món corromput pel teatre, l'havien aconseguida ells, Eva Hesse en el vertigen, al límit de l'abisme, i Nauman en l'ociositat, al centre d'un taller gairebé buit, anàleg a les atopies despoblades de Samuel Beckett. Els objectes d'Eva Hesse tenien la qualitat del dibuix i del *non-sense* (o, segons les seves paraules, de «l'absurd»). El *pathos* distanciat de Nauman desplegava totes les fantasies íntimes suscitades per la llei inflexible de la gravitació, des de la demostració fotogràfica del 1966, *Failing to Levitate in the Studio*, fins al test –en el sentit de prova– fílmic del 1967-1968, *Playing a Note on the Violin While I Walk Around the Studio*, passant per la conquesta imaginària de l'espai a *My Name As Though It Were Written on the Surface of the Moon*, del

1967. Es podria relacionar aquests artistes amb una tendència surrealista, durant molt de temps desacreditada a l'escenari novaiorquès, però que perdurava en Louise Bourgeois o, a Califòrnia, en H.C. Westermann i en l'extraordinària ceràmica *funk* de Kenneth Price i Robert Arneson (d'altra banda, Louise Bourgeois, Westermann i Price estaven representats a *Eccentric Abstraction*). En la línia de Peter Voulkos, els ceramistes recordaven les potencialitats expressives de l'objecte artesanal, en contra del minimalisme. Des de finals dels anys cinquanta, Westermann havia desenvolupat una imatgeria grotesca, carregada de ressons autobiogràfics, que resumeix la tendència fosca i satírica del *funk art*. Però tots aquells objectes eren evidentment irreductibles a les normes pop i minimalista (i també als models europeus), i l'obertura proposada per Lucy Lippard no va resistir el recentratge historicista sobre un pseudopostminimalisme. No obstant, Westermann havia sabut aprofitar aquesta «reserva d'imaginació» que va alimentar igualment les recerques d'Ettore Sottsass i de l'antidisseny italià.

Fora de la xarxa d'afinitats que acabo d'evocar ràpidament, Eva Hesse i Nauman s'havien projectat en un espai d'experiència irreductible als objectes. El que va aparèixer en la seva obra, a través dels objectes, no va ser tant un imaginari com la reincorporació íntima d'unes estructures formals i tipològiques: les relacions interior-exterior, alt-baix, en el seu tenor fisiològic, orgànic i psíquic. Mai en les arts plàstiques, fora de la pintura i de la representació, la gràcia no s'havia deduït tan concretament de la gravetat, al mateix temps que la fluïdesa de les formes es veia associada a la gravetat dels materials. Aquesta experiència, fins aleshores, havia estat reservada a la dansa, en la qual Nauman s'inspira en les seves performances filmades. Encara avui dia, la noció d'*antiform* proposada per Morris recobreix aquest camp d'experiència amb un vel teòric. Una figura de la dispersió il·lustra l'imaginari teòric, en el mateix Morris, en Barry LeVa, Alan Saret i molts altres, enfront dels quals és lícit preferir una imatgeria més excèntrica.

L'entropia, associada al caos, es va convertir ràpidament en una convenció formalista. Però Beuys no es va deixar enganyar. Situava l'entropia en la configuració evolutiva d'una «escultura social». El 1969, després d'haver participat en l'exposició *When Attitudes Become Form*, comentava a Willoughby Sharp en una entrevista per a *Artforum* que Nauman era l'artista americà del qual se sentia més proper (tot i que el 1964 ja havia conegut Morris a Düsseldorf).[61]

L'internacionalisme americanitzat de les avantguardes dels anys seixanta no hauria d'ocultar el joc de sincretismes i antagonismes que divideix una aparent convergència transatlàntica. La trobada de l'arte povera i el «postminimalisme» el 1969 apareix actualment com el gran moment de l'internacionalisme postpop. Però Beuys no podia adherir-se a aquest apropament. Els *Oggetti in meno* de Pistoletto –que no van ser mai presos en consideració per la crítica americana– havien recusat per endavant la norma minimalista, i la comunitat d'una «família pobra» era per a l'artista torinès una manera de desmarcar-se definitivament del pop art, al qual havia estat associat, tal com Broodthaers se n'havia desmarcat redescobrint Magritte. En el cas de l'artista italià, com en el del belga, una resposta extrapictòrica al pop també és vàlida contra el minimalisme. El 1968, Broodthaers afirmava: «El llenguatge de les formes s'ha de reunir amb el de les paraules. No existeixen "estructures primàries".» Eva Hesse, per la seva banda, havia nascut a Hamburg i havia viscut prop de Düsseldorf els anys 1964-1965, on havia descobert les activitats del grup Zero i de Fluxus. La seva participació en el moviment minimalista va ocultar durant molt de temps unes correspondències manifestes amb Beuys, Uecker i fins i tot amb l'expressionista Gerhard Hoehme. El que va fer el 1967 és una conjunció inèdita entre l'informal europeu, l'elementarisme del grup Zero i el sistematisme postgeomètric que travessava el minimalisme. Una conjunció així de tendències no pot ser reduïda a un híbrid d'un imaginari orgànic surrealitzant i una geometria revisada per la fenomenologia i l'estructuralisme. Però és veritat que l'antinomia entre la idealitat geomètrica o mecànica i la fantasia orgànica o biomòrfica havia pesat en l'art amb intensitat des dels anys vint.

La gran força de Broodthaers, que havia entès Lacan, va ser la de recordar que el llenguatge no és ni mecànic ni orgànic; que el «simbòlic», distint de l'«imaginari», no és pas una col·lecció de símbols universals, però sí que permet constituir una col·lecció crítica de símbols històrics (com ho mostra la fundació del *Musée d'Art Moderne, Département des Aigles* el 1968); en fi, que l'escriptura del subjecte en l'inconscient es relaciona amb l'enigma i el joc de paraules (*Le Corbeau et le Renard*, 1967-1968) (fig. 9). La integració del llenguatge a les arts plàstiques no és certament cap invenció dels anys seixanta. Una vegada més ens haurem de remuntar a Dadà (Hausmann, Schwitters) i, encara més enrere, a l'espacialització del llenguatge en Mallarmé. Les utopies artístiques dels anys vint eren indissociables d'una experimentació lingüística, poètica i tipogràfica, de la qual Tristan Tzara havia enunciat el valor: «La llengua és una utopia» («Dada manifeste sur l'amour faible et l'amour amer», 1920). En els anys seixanta, Artaud va ser una referència obligada per als poetes experimentals i per als creadors teatrals d'avantguarda, ja que havia proposat «canviar el destí de la paraula al teatre», i «utilitzar-la en un sentit concret i espacial», donar-li una «materialització visual i plàstica».

Abans i tot de la generació conceptual, nombrosos artistes també havien estat primer poetes. L'antologia de la poesia concreta d'Emmet Williams publicada el 1967 per Dick Higgins –dos protagonistes de Fluxus– dóna compte d'un moviment tipopoètic internacional que s'havia federat inicialment, a meitat dels anys cinquanta, entre l'Europa de llengua alemanya, al voltant d'Eugen Gomringer, i el Brasil, amb els germans De Campos. A França, el concretisme dels poetes es pretenia explícitament «espacialista» i associava la utopia d'una comunitat lingüística supranacional amb l'imaginari d'una integració còsmica. Amb l'exposició *Lumière et Mouvement* del GRAV, el 1967 és l'any d'una síntesi espacialista entre la poesia concreta i l'entorn cinètic. Però ja he assenyalat fins a quin punt una ideologia del progrés limitava l'imaginari del moviment. Per molt inclusiva que fos, l'antologia americana també era molt limitada. Raymond Hains no hi figurava, a pesar dels «esclataments de lletres» als quals s'havia dedicat, des de l'*Hépérile éclaté* (fig. 10), segons un poema fonètic de Camille Bryen, el 1953. Öyvind Fahlström hi figurava modestament, tot i que havia publicat a Estocolm, també el 1953, el primer manifest de la poesia concreta, tal com reconeixia, d'altra banda, Emmet Williams al pròleg. Perquè Hains i Fahlström no es referien pas al gran exemple de Mallarmé reivindicat pels brasilers Haroldo i Augusto de Campos; eren més aviat surrealistes, no tenien cap lligam amb la tradició de l'art concret geomètric, a diferència dels suïssos i els alemanys; finalment, no havien participat, o molt poc (en el cas de Fahlström) en el moviment Fluxus. Retrospectivament, ells van ser els qui van representar millor l'extensió d'un tractament concret del llenguatge en l'era de l'objecte pop, abans que Broodthaers transposés el model mallarmeà en aquest mateix context.

Hépérile éclaté [62] era per Camille Bryen «el primer poema que s'havia de des-llegir».[63] El deliri de Raymond Hains, diferent de l'imaginari espacialista i compromès sota el signe de «l'ultralletra», no és l'art del procés oposat a l'objecte, que s'havia convertit a finals dels seixanta en la vulgata de les protestes contra la societat de consum i el fetitxisme de la mercaderia. Aquest deliri es relaciona més aviat amb la dinàmica del «transobjecte», per dir-ho amb el terme que va proposar Oiticica per a *Bólides*. El trobem també en l'art enigmàtic de «l'home de lletres» que fa esclatar, també ell, una faula de La Fontaine. Broodthaers havia comprès que la conquesta de l'espai per l'objecte negava la utopia de la llengua. Però la seva «insinceritat» antipoètica era necessària, perquè li va permetre desplaçar el model mallarmeà d'expansió de la lletra en la llengua vulgar de la mercaderia. A diferència de l'eslògan del Maig del 68, *Cache-toi, objet!*, la poesia plàstica i cinematogràfica no oculta pas l'objecte, sinó que l'integra al joc del llenguatge tipografiat sobre el quadre-pantalla. Calia tenir en compte l'objecte per poder comptar amb l'objecte. En el moment de les ideologies de la comunitat planetària, tipus Warhol (la indiferenciació del consumidor universal), MacLuhan (l'aldea global de la hipercomunicació mediàtica), o de totes les variants de l'espacialisme, Broodthaers exposa el *système D* d'una faula esclatada. El fonetisme de Bryen era ja una revolta contra la hipercomunicació: «Estem saturats de comunicats, de lectures, d'humanisme. / Visca el corrent d'aire de l'il·legible, de l'inintel·ligible, de l'obert!» Per lliurar el mateix combat, Broodthaers va escollir l'enigma. Faula de l'astúcia transformada en tomba críptica del pintor (Magritte), i capgirament per l'astúcia del malefici lligat al tancament del llibre, el conte aplega la dispersió de les coses absents en un quadre de paraules. «L'enigmàtic de les obres d'art —assenyala Adorno— és el seu caràcter fragmentari. Si la transcendència hi fos present, serien misteris, no pas enigmes; són enigmes perquè, en tant que fragmentaris, desmenteixen allò que voldrien ser tanmateix. Només en un passat recent, a les paràboles mutilades de Kafka, aquesta idea ha servit de tema artístic. Retrospectivament, totes les obres s'assemblen a aquelles infelices al·legories dels cementiris, amb les esteles trencades.»[64]

El pintor i l'arquitecte estan absents. Perduts en el passat, oblidats, com els seus personatges i el decorat. Segons la famosa regla *ut pictura poesis*, el destí del poeta està lligat al del pintor, que depèn de l'arquitectura per als decorats. Així, el poeta no pot evocar els personatges. El corb i la guineu no poden rebre cap altra existència més que la de «caràcters impresos», ja que el pintor-poeta i l'arquitecte-decorador han quedat tots dos absorbits per la ficció, l'un «tot colors», l'altre «de pedra», com en un quadre de Magritte. Tot això és l'efecte del *système D*. L'astúcia del *bricoleur* recorda la de la retòrica i els sofistes, que abans es practicava a l'àgora, on s'aplegava la multitud dels ciutadans per debatre les coses públiques. Això explica l'aparició del gos, que s'uneix als dos animals de La Fontaine, i que figura la multitud bigarrada, en caràcters multicolors. El gos ha introduït la policromia tipogràfica en el *système D*, democràtic. Aquest sistema és efectivament la llei escrita de la comèdia humana, però plou, fa un temps de gos, i el sistema s'embrolla. El corb i la guineu poden trucar. No troben lloc en la memòria del poeta. En canvi, malgrat el mal temps polític, el *système D* encara ha funcionat, perquè introdueix una multitud de relacions i una pluja de signes.

El literalisme de Broodthaers és simbòlic. Segons l'ortodòxia lacaniana, el simbòlic és despreniment de l'imaginari, inscripció del nom del pare. No és pas l'afirmació d'una realitat literal, despresa de tota sobrecàrrega metafòrica, tal com volien els artistes anomenats «minimalistes». No és pas un radicalisme de la percepció, sinó una assumpció del simbòlic en un joc retòric i tipogràfic, amb totes les faltes d'ortografia i els lliscaments de sentit que en resulten. En altres paraules, no hi ha accés directe a la cosa pública, perquè no hi ha resolució de la separació en un espai ideal. La dispersió contradiu l'aplegament a l'àgora. El *système D* potser és democràtic. Es relaciona sobretot amb el bricolatge mitopoètic (Lévi-Strauss), quan aquest ha de comptar amb el sistema d'equivalència abstracte de l'intercanvi i renuncia al compliment de l'obra. En el cas de nombrosos artistes, el pas de l'obra –i particularment del quadre– a l'objecte havia estat acompanyat d'una obertura a les coses, a l'entorn, i sovint en un moviment de protesta. Protesta contra la separació, l'espectacle (Debord), contra l'objecte mateix, que de vegades unia les lluites polítiques, contra la discriminació ètnica i social, contra l'imperialisme.

La protesta es va expressar al carrer, a les parets de les ciutats, i rarament als museus. Però cal repetir que, en aquest terreny, el teatre, la dansa, i naturalment el cinema, per no parlar de la literatura, eren més eficaços que les arts plàstiques. L'art de Broodthaers no és protestatari, sinó crític. Se situa en el camp de la producció. Més ben dit, produeix, en el sentit en què un actor apareix[65] en públic i en el sentit en què el poder disciplinari, segons Foucault, és productor d'una subjectivitat (centrada en la intimitat controlada). I aquesta producció és fictícia, com en el cas de Smithson: tot producte està dividit pel sistema fictici que el «condiciona» i el travessa. Aquesta producció presenta simulacres allà on podríem esperar realitat, és a dir, objectes en un espai real o sobre l'escenari de la percepció. Però això no és dir prou. També Warhol va produir simulacres. El 1967, Broodthaers és en un altre lloc, s'ha projectat, gràcies al cinema, en l'espai de la «ficció» mallarmeana. Ha entès que la nova forma de l'espectacle és l'estètica generalitzada, amb el triomf de la publicitat com a mitjà d'integració d'una comunitat de consumidors, un mitjà més expansionista que qualsevol forma d'art.

Al costat del model del teatre alternatiu, que va sostenir unes activitats artístiques que privilegiaven l'acció i el procés per sobre de l'objecte, al costat d'una fenomenologia social del «transobjecte» (Oiticica), Broodthaers concep l'heterotopia de l'exposició com una teatralitat mental, postpop, com una ficció espacialitzada, que inclou l'objecte pop o vernacular en una xarxa de relacions literals (ja que el vernacular és abans que res d'ordre lingüístic). Aquesta xarxa es pot relacionar amb un joc d'elements narratius, com els que es troben en l'obra de Raymond Hains i Öyvind Fahlström i la d'alguns artistes que seran presentats sota l'etiqueta de «mitologies individuals». Però la xarxa sobretot actualitza el potencial històric d'una subjectivitat sobre la qual la norma individualista, d'origen burgès i sovint carregada de valors primitivistes, tindria tan poca força com la norma warholiana, deduïda de l'objecte comú. Tot i simpatitzar amb algunes idees comunistes, Broodthaers dóna testimoni, en tant que artista-home de lletres, que no hi ha cap solució, cap resolució de la separació espectacular. No obstant, no es conforma amb una negativitat crítica antipositivista. A falta de la promesa d'un més enllà i d'una reconciliació, la utopia es produeix com a ruptura en el pas de l'objecte d'art a la cosa pública.

Però aquesta cosa és encara i sempre innominada. És la democràcia? He evitat aquesta qüestió, o he suposat massa de pressa una resposta negativa. La paraula en si no apareix a la faula esclatada. La menció de l'àgora evoca potser sobretot aquest imaginari de la ciutat que els arquitectes ordenadors de pseudo-espais públics ja volien cultivar per humanitzar un urbanisme de masses. El *système D*, deduït del nom disseminat del poeta, és una tècnica d'astúcia (o de bricolatge) més que no pas un sistema polític. Enfront del poder i la desgràcia, simbolitzats pel corb (La Fontaine i Mallarmé), l'astúcia poètica és més eficaç que la democràcia o, almenys, que la democràcia dels temps dolents, aquests finals dels anys seixanta. Al Segle de les Llums s'havia condensat una nova relació entre l'art crític i la cosa política amb la idea de República de les Lletres, que van heretar els «homes de lletres» francesos fins a l'extinció tardana, als anys seixanta, del model de la III República. Tot i declarar el seu respecte per l'autoritat de l'Estat absolutista per afirmar la seva pròpia autonomia, la República de les Lletres produïa aquesta primera transferència de sobirania que funda allò que Reinhardt Koselleck anomena «el regne de la crítica».[66] Però Broodthaers es pren la idea literalment, «al peu de la lletra», i constitueix la cosa pública (o *res publica*) de les lletres a través de la transformació de l'objecte d'art. El significat polític s'ha dispersat, si no perdut, en el joc del significant poètic. Es pot recuperar la lectura al·legòrica i dir que la massa democràtica (els gossos multicolors de l'àgora) difumina la confrontació entre poder i astúcia. Però el que està en joc, és encara l'accés a la sobirania (suposant que la faula de La Fontaine indiqui aquesta direcció)? El principi de sobirania popular continua sent sens dubte un «concepte normatiu d'espai públic», com pensa Habermas; però també és, com deia Foucault, la màscara d'un nou sistema de control. El *système D* és l'antisistema, més foucauldià i heterotòpic que no pas habermasià. Per a Broodthaers, que actualitza Poe, Baudelaire i Mallarmé, reinterpretant la faula de La Fontaine, queda l'ombra melancòlica de la sobirania com a premi de poder entre l'ocell de desgràcia i l'astuta guineu.

Des de la seva primera exposició, Broodthaers sabia molt bé que l'objecte d'art, destituït, reduït de l'obra al producte, no pot representar la cosa pública: no pot encarnar cap valor polític, ja que ha quedat reduït al seu torn a un valor, a un valor d'intercanvi. La melancolia de l'escriptor és el dol d'un valor d'ús de la cosa poètica, que la República de les Lletres va intentar conjurar afirmant els poders de la retòrica i que només va poder precipitar, provocant així la llarga revolta romàntica. A *The Human Condition* (1958), Hannah Arendt va formular una exigència de la cosa política que torna a donar un valor d'exemple —més que no pas un valor d'ús— a l'obra, «objecte de pensament», com a principi de permanència oposat al principi de consum. Vull recordar que, per la seva banda, Broodthaers va prendre el partit de la insinceritat en posar en venda en forma d'objecte segellat els exemplars invenuts de *Pense-Bête*. Allò va ser després d'haver constatat, com Baudelaire, la seva pèrdua d'aurèola, i per significar aquesta pèrdua. La desviació (*détournement*) de la poesia responia a la pretensió del poeta de donar un valor d'exposició a la seva obra, tendència inaugurada per Baudelaire (segons Benjamin). També era una primera jugada. L'astúcia ja havia traït la melancolia. Doble traïció: el joc traïa la simetria poètica, però també el destí melancòlic del poeta condemnat a la infelicitat. I això és el que representa, amb un joc complementari, l'al·legoria trencada de la faula: l'ocultació mercantil de la poesia en l'objecte d'art havia colgat l'enigma que ara reapareix en la llum de la projecció cinematogràfica, en forma de dibuix-endevinalla. La melancolia es veu novament «traïda», però aquesta vegada divulgada, en la seva revelació enigmàtica. La destitució del poeta es complex, tal com Nietzsche desitjava en el cas del nihilisme, quan la sobirania de l'Home de Lletres s'exposa i es dispersa en el joc de les lletres. Warhol, segons sembla, havia complert sense restes el nihilisme, acceptant que la sobirania popular quedés reduïda a la possibilitat per a qualsevol ciutadà-consumidor d'accedir, i ell en donava l'exemple, a uns minuts de glòria mediàtica. Aquestes restes són les que apareixen a Broodthaers, com a fragments d'una faula dispersa, que ell reuneix paradoxalment i projecta sobre un quadre-pantalla. La sobirania melancòlica (la tristesa dels prínceps, l'*spleen* del poder), que va marcar la poesia de Baudelaire a Mallarmé, passant per Nerval, és traïda per la integració de la norma warholiana, però persisteix en forma de petges.

És clar que Broodthaers no és pas Oiticica; el seu pensament no és constructiu, com tampoc no ho és el de Warhol. S'adhereix a aquest pensament negatiu de finals dels anys seixanta que s'oposa al model constructiu de les avantguardes històriques. No hi ha norma ètica, ni ideal de ciutadania per oposar a Warhol, sinó, voldria subratllar-ho ara, una poètica del subjecte, és a dir, una pràctica de la mobilitat simbòlica, presa del llibre i de la ficció de Mallarmé, que actualitza el text esquinçat de la sobirania i de l'astúcia. Mentre que Warhol mira d'integrar l'activitat artística a la producció mediàtica i a l'encís de la mercaderia, Broodthaers continua, per altres mitjans, el projecte del llibre mallarmeà, que ja havia de respondre al repte de la premsa escrita, «a l'envergadura, en les nostres mans, de la fulla apressada o vasta del diari» (*Quant au livre*). Si tota mobilitat suposa un espai, aquell que Broodthaers es va proposar conquerir irònicament és «la intimitat de l'atzar» de què parlava Maurice Blanchot (*L'Espace littéraire*) a propòsit de l'experiència sobirana i dramàtica d'Igitur, tant o més que la intimitat comuna i comunament dramàtica de Warhol, desplegada sobre un fons de simulacre democràtic.

Un cop més Blanchot, a *Le Livre à venir*, comenta Mallarmé: «L'espai poètic, origen i "resultat" del llenguatge, no és mai a la manera d'una cosa; sinó que sempre "s'espaia i es dissemina".»[67] Els exercicis de «desconstrucció» que proposa Derrida el 1967 a *L'Écriture et la différence* i *De la grammatologie* associant l'astúcia i la sobirania (tema procedent de Bataille, lector de Nietzsche) amb «l'adveniment del joc»: «L'adveniment de l'escriptura és l'adveniment del joc; el joc actualment es dirigeix a si mateix, esborrant el límit des del qual es creia poder regular la circulació dels signes, arrossegant amb ell tots els significats tranquil·litzadors, reduint totes les places fortes, tots els refugis del fora de joc, que vigilaven el camp del llenguatge.»[68] Derrida parlava d'un «desbordament» que s'esdevé «en el moment en què l'extensió del concepte de llenguatge esborra tots els seus límits». Podria pensar-se que tornàvem a sentir el programa proposat pels surrealistes de subversió-submersió de la literatura per les ones de l'escriptura automàtica; però la diferència és que el joc de la desconstrucció pretenia ser «un discurs prudent i minuciós», advertit de totes les trampes d'un sistema del signe indefinidament reconduït en la seva mateixa clausura. Com en el cas de Samuel Beckett, el presoner del signe no podia percebre més que «una claror de l'ultraclausura».[69] El bricolatge mitopoètic descrit per Lévi-Strauss a *El pensament salvatge* assenyalava la claror emesa des d'un centre buit, indicant l'absència d'origen del mite, emportat per un joc de substitucions infinites, i reconeixent que tot sistema cosmològic té necessitat d'un «significant flotant». Aquest s'ha d'«oposar a l'absència de significació sense comportar per ell mateix cap significació particular», i així permet absorbir el «plus de significació» de què disposa l'home en el seu esforç de comprensió del món: el que Lévi-Strauss denomina «una sobreabundància de significant, en relació amb els significats sobre els quals es pot dipositar».[70] La noció de «significant flotant» tenia l'avantatge de col·locar el no-sentit, com a reserva o donació de sentit, en el cor del sistema de significació. Però per a Derrida, Lévi-Strauss havia fracassat, per nostàlgia d'una presència plena i original, a l'hora de pensar l'absència de centre i el joc del món afirmat per Nietzsche (on es juga «la intimitat de l'atzar»). Aquesta era, l'any 1967, no gaire lluny de Boodthaers, l'ultima formulació d'una astúcia destinada al joc del llenguatge i ocupada a reunir prudentment, en el camp de l'argumentació, les petges d'una sobirania poètica. No hi havia sortida, no hi havia solució per a la clausura del sistema, a pesar d'alguns moments d'entusiasme procedents de l'obra de Nietzsche o de Foucault, i alguns trets reflexos de violència deïcida.

Al començament d'aquest relat, he distingit la cosa pública de l'objecte d'art per tal d'indicar un pas incert, que no pressuposa cap sortida pròpiament política al recés de l'artista, però que suposa un joc de llenguatge (el joc de paraules) i el llenguatge com a espai de joc. El 1967, els ideals de Hannah Arendt i de Habermas eren impensables, inacceptables, per una avantguarda dividida entre marxisme i estructuralisme, que havia substituït la presa de consciència per la «posada en joc» (*mise en jeu*, fórmula de Bataille subratllada per Derrida). El llenguatge era el terreny, fins i tot el refugi, d'una experiència de la subjectivitat que s'enunciava en l'exuberància del significant més que no pas en la de la imaginació, tot i que aquesta última ben aviat, al Maig del 68, pretendria arribar al poder que li havia promès el surrealisme. Precisament l'estudi i la prova dels jocs de poder portarien Foucault, una mica més tard, a passar de l'examen de les estructures institucionals a la interpretació del procés de subjectivació. El 1967, la qüestió de l'espai públic, en sentit habermasià, encara no estava a l'ordre del dia en els ambients artístics, pels quals tot humanisme era sospitós, pels quals l'ideal burgès d'humanitat descrit per Habermas havia estat confiscat per la «mitologia» (Barthes) de l'exposició *The Family of Man*, pels quals, en fi i sobretot, el llenguatge era irreductible a un objectiu de comunicació. La idea d'invertir energies en els mitjans de comunicació, tal com proposava Dan Graham («Homes for America»), era menys la recerca d'un espai de debat que una radicalització crítica del pop. La divergència entre avantguarda artística i activisme polític persistia, exacerbada als Estats Units sobretot per la tesi moderna de l'autonomia de l'art, i constituïa una divisió entre poesia i comunicació, tot i la urgència consensual de la protesta contra la Guerra del Vietnam. Va ser una mica més tard quan el model de la informació desenvolupat pel conceptualisme, i relativament ben acceptat per les institucions, permetia a Hans Haacke instal·lar en els museus els seus sistemes en temps real que operaven, segons les seves pròpies paraules, com «agents dobles»: «Poden presentar-se sota la rúbrica "art" –diu el 1971–, però aquesta denominació cultural no els impedeix pas funcionar normalment.»[71]

El 1967, amb algunes excepcions com ara Fahlström, l'art crític s'havia distingit de la protesta, en part per evitar caure en la propaganda o l'anècdota, que sempre havien estat la bèstia negra de la modernitat acadèmica. Aquest art crític s'havia fixat dos objectius principals: la superació de l'objecte d'art-mercaderia, fetitxe, etc., i la posada en crisi, o la ruptura, del «sistema» semiològic. No insistiré sobre el primer objectiu. El segon va donar lloc a diverses estratègies, des del rebuig o l'alternativa llibertària, d'inspiració surrealitzant, fins a les diverses formes d'imitació paròdica de tipus conceptual. El 1967, Eva Hesse, propera a Sol LeWitt i Smithson, està de la banda de la paròdia, però el seu «excentricisme» podia relacionar-se amb el surrealisme (a condició de no reduir aquest moviment a una ortodòxia). La paròdia és una forma de joc; també era una manera d'introduir, sota l'aparença de joc, una dimensió subjectiva exclosa del sistema. Un subjecte altre, femení, podia així inscriure's, fintant amb la norma antihumanista (amb tanta més facilitat perquè l'ideal burgès d'humanitat no s'havia desmarcat mai d'una estructura de poder patriarcal). Allò no-idèntic treballa la repetició i obre la serialitat al joc de l'alteritat. Després de l'humor de les *Metronymic Irregularites* (la peça en tres variants del 1966), *Addendum* (fig. 11), presentada en l'exposició *Serial Art* del Finch College el novembre de 1967, combina la lògica i l'aleatori, el rigor d'un alineament horitzontal de figures hemisfèriques contra la paret amb la caiguda irregular de cordes suspeses, que van dibuixant meandres al terra. Eva Hesse parla de «l'escolament irracional (*irrational flow*) de les línies sobre el terra» i subratlla: «Sèrie, serial, art serial, és una altra manera de repetir l'absurd.»[72] L'artista anomenava «absurd» la realització gràfica i espacial del no-sentit, on es dóna la possibilitat d'un sentit altre, d'una altra subjectivitat.

En un text del 1971, «The Circle», Lucy Lippard va subratllar que, en el cas d'artistes com Eva Hesse, el component pictòric de l'escultura s'havia desmaterialitzat per adquirir la forma del dibuix. Lippard s'interrogava sobre la pertinència d'aquests «efectes de dibuix o de pintura en l'espai» i proposava una comparació significativa entre les dificultats (*predicament*) de la pintura i l'escultura amb les de la poesia i la novel·la. L'obra d'Eva Hesse li semblava com una «síntesi».[73] Ara bé, precisament una síntesi entre dibuix i escriptura en l'espai, sota el règim de l'espaiament i la disseminació, més que de la cositat –per reprendre els termes de Mallarmé i Blanchot–, és el que pot caracteritzar l'articulació d'una subjectivitat altra en les normes d'un sistema, amb les seves distincions categorials (art/literatura, pintura/escultura, etc.) Als americans mencionats per Lippard –LeWitt, Andre, Smithson entre altres– i a la figura de síntesi representada per Eva Hesse, es poden afegir actualment altres artistes, altres dones artistes més «perifèriques», alienes al minimalisme, que l'any 1967 practicaven i van continuar practicant un dibuix-escriptura en l'espai, recorrent sovint a una tècnica o a uns efectes cinematogràfics. Així, les pàgines suspeses, translúcides, dels *Objetos gráficos* (fig. 12) de la brasilera Mira Schendel són el desplegament tridimensional d'una superfície d'inscripció: una pantalla mental, íntima i pública, distinta de l'opacitat del quadre-objecte.[74] Del 1967 és un dibuix de Maria Lassnig titulat *Intimität*, d'inspiració surrealista, que l'artista va utilitzar quatre anys després en una pel·lícula d'animació. El 1966, Nancy Spero ja havia abandonat l'oli sobre tela en favor de l'aquarel·la sobre paper, i fins al 1969 va pintar la sèrie dels *War Paintings* –en reacció contra les atrocitats de la Guerra del Vietnam–, seguida pel famós *Codex Artaud*, que associa escriptura i dibuix en un desenvolupament espacial i «cinemàtic», tal com va observar ella mateixa.

A finals dels seixanta, altres artistes que Lippard no menciona van treballar en aquesta espaialització del dibuix-escriptura, fora del quadre, buscant una mobilitat simbòlica que fos al mateix temps una nova possibilitat de comunicació, oberta a la política. Els precursors se situen a començaments de la dècada, en la pràctica de l'assemblage estès al medi ambient. En aquest àmbit, Allan Kaprow apareix com el personatge clau, amb el seu *environnement* del 1961, *Words;* més que no pas Cy Twombly, encara que aquest, a partir del 1954-1955, amb els quadres fets amb guix, va projectar la velocitat del grafit en l'espai de la pàgina en blanc ampliat al camp pictòric. El quadre continua sent el límit de Twombly, tal com els efectes d'acumulació de l'assemblage marquen el de Kaprow. L'obertura la van produir altres artistes, com Fahlström i Oiticica, que depenen molt poc del minimalisme i l'art conceptual, igual que Nancy Spero, i en els quals trobem un interès polític comparable. El joc amb el llenguatge i la mobilitat del carrer, l'eslògan i la performance (teatre, dansa) formen un conjunt de coordenades comú a aquests dos artistes. Fahlström és cartògraf. En les seves instal·lacions, va reinventar i va posar en moviment el mapa figurat que, des de l'Edat Mitjana fins a l'establiment de l'edat clàssica, combinava dos modes de representació heterogenis: el geomètric i el narratiu. Oiticica s'interessa sobretot per una arquitectura dels recorreguts (el laberint). Però tots dos intenten multiplicar les associacions aleatòries, provocant la participació de l'espectador. Hem de parlar una vegada més de bricolatge i de mitopoesia? Aquesta última existeix en el cas de tots dos artistes, però no consisteix en cap intent de substituir un model arcaic d'integració cosmològica per l'experimentació dels processos de subjectivació. Són geògrafs moderns, però antiracionalistes, que pensen l'espai com a territori psíquic i social, a la manera d'Aldo van Eyck.

En un text del 1968 sobre l'aparició del suprasensorial en l'art brasiler, que és una continuació del manifest de la «Nova Objectivitat» brasilera, ja citat, Oiticica observa: «Per a mi, en la meva evolució, l'objecte va ser un camí per a experiències cada vegada més compromeses amb el comportament individual de cada participant: insisteixo a afirmar que aquí no hi ha la recerca d'un nou "condicionament" per al participant, sinó *l'esfondrament de tot condicionament* per buscar la llibertat individual..., seria el que Mário Pedrosa va definir profèticament com a "exercici experimental de la llibertat"». Pedrosa era un pensador i militant trotskista, actiu des dels anys vint.[75] Per a ell, als anys seixanta, l'activitat artística podia contribuir a un projecte general d'emancipació, en el marc de la lluita antiimperialista, amb la condició que admetés i transformés el que ell anomena «la dissolució de l'objecte» (des de l'esgotament de la màgia surrealista i l'adveniment del simulacre pop). El 1967, la qüestió general era evidentment saber com «l'exercici experimental de la llibertat» podia combinar-se amb la racionalitat d'un projecte polític. Els brasilers tenien l'alternativa regional (tropicalista) al model europeu i nord-americà. Però què passava a França i als Estats Units? Ja he subratllat la importància del moviment a favor del Tercer Món. Era bastant difícil, excepte potser per als cineastes (particularment Godard i Pasolini) treure'n conclusions «experimentals» sense reconduir la nostàlgia d'un lligam ritual. Ja l'any 1947, Artaud havia expressat una sospita radical, clarament política, en negar-se a participar en l'exposició mitjançant la qual Breton pretenia reformar la comunitat surrealista per tal de trobar un «mite nou».[76] Vull precisar de passada que Duchamp va realitzar per a aquesta exposició la *Salle de pluie et de dédale,* que anticipa l'espaialització plàstica del dibuix dels anys seixanta. Però si desenvolupés aquesta observació retornaria a la discussió sobre el primitivisme neodadà de la postguerra que havia iniciat al començament d'aquest assaig, en parlar dels fetitxes de Rauschenberg.

Podem observar senzillament que l'exercici experimental de la llibertat en l'art d'avantguarda és indissociable, a partir de Dadà, d'una crítica de les normes racionalistes que en qualsevol moment pot passar a militar a favor de l'irracional i minar les bases mateixes de la crítica. No es tracta de fer cap xantatge als artistes per mirar de «fer-los entrar en raó», ja que la crítica de les normes racionalistes no és necessàriament irracional. Però el perill existeix i s'han pogut mesurar els seus efectes en els anys trenta. A més, des de la postguerra, la racionalitat occidental ha integrat a l'exercici autocrític un exotisme idealitzat que condensa tots els residus endògens del progrés: ruïnes, restes, vestigis, fins l'excedent de les romanalles del folklore industrial, i fins i tot la «resta» genèrica: «tota la resta», sinònim de l'*et caetera* al final d'una enumeració. En aquest terreny, Broodthaers va ser particularment lúcid, no solament en la seva crítica de la màgia beuysiana, sinó també en la seva obstinació per respondre contra l'exotisme integrat –en el sentit de l'«espectacle integrat» de Debord–, una fase que podríem anomenar «primitiva» del procés: l'exotisme ingenu del segle de Baudelaire, ingènuament inscrit en la identitat burgesa.

Però això em portaria massa lluny. El 1967, Broodthaers es limita a una operació més senzilla. Es conforma a redefinir i re-situar l'home de lletres. Reuneix les restes d'un ideal oblidat: el de la retòrica poètica capaç d'enganyar l'autoritat. Però la faula està trencada. Des que es va exposar, el poeta no té cap altre espai per a l'astúcia que no sigui l'ordre de la lletra. Està situat al peu de la lletra –com el corb al peu de l'arbre–, confrontat al quadre de paraules magrittià. La seva posició s'emparenta amb la del pintor modern que un dia, dramàticament, es troba «al peu de la paret», confrontat a l'obstacle de l'arquitectura i a l'«ordre arquitectònic», tal com ja havia denunciat Bataille a *Documents*. Perquè la mateixa arquitectura, i Broodthaers ho fa notar en un article del 1962, continua sotmesa a la noció de paret, malgrat la transparència del vidre.[77] En suma, tot això forma una cadena de limitacions, que correspon a l'encadenament del joc de paraules; és el sistema que inventa i desconstrueix Broodthaers. Una invenció que es remunta al 1961, a una nota sobre Magritte, que formula aquesta perfecta analogia: «Si al peu de la paret, hi ha el paleta, al peu de la lletra hi ha l'home de lletres.»[78] Tota l'estratègia del poeta insincer deriva d'aquí: procedir primer com el paleta, que ajunta maons –va ser el període dels objectes-assemblages, després desconstruir i substituir el paleta per l'home de lletres, i la paret pel quadre-pantalla (*Le Corbeau et le Renard*). Més que buscar una sortida a un sistema preexistent, Broodthaers es va burlar d'un conjunt de restriccions que era una reinvenció del sistema de les arts (pintura-arquitectura-poesia) i, sobretot, al voltant de la figura de Magritte, la invenció d'una norma alternativa a la del pop art. La solució no és pas millor que qualsevol altra, però el procediment il·lustra molt bé el que pot ser un exercici experimental de la llibertat, sense profecies, sense promeses d'emancipació, i fins i tot sense objectiu de comunicació, sinó en l'heterotopia crítica d'un joc de llenguatge.

NOTES

1. Samuel Beckett, «Peintres de l'empêchement», *Derrière le Miroir* 11-12 (juny 1948); reproduït a *Bram van Velde,* cat. (París: Centre Georges Pompidou, 1989): 169-170.

2. Hannah Arendt, *The Human Condition* (Chicago i Londres: University of Chicago Press, 1958): 53.

3. Vegeu Walter Hopps, *Robert Rauschenberg. The Early 1950s,* cat. (Houston: The Menil Collection, Houston Fine Arts Press, 1991).

4. Vegeu Reyner Banham, *The New Brutalism* (Stuttgart i Berna: Karl Krämer Verlag, 1966).

5. Vegeu les declaracions de Bearden en una taula rodona de desembre del 1967, a Jeanne Siegel, *Artwords: Discourse on the 60s and 70s* (Ann Arbor / Londres: U.M.I. Research Press, 1985): 85-98.

6. Vegeu Andreas Huyssen, «The Cultural Politics of Pop», *New German Critic* (1975); reproduït a l'antologia de Paul Talor *Post-Pop Art* (Cambridge: M.I.T. Press /Flash Art, 1989): 45-77.

7. Vegeu l'entrevista d'Irmeline Lebeer a Joseph Beuys, *Cahiers du Musée national d'art moderne,* 4 (París, 1980): 171-191.

8. Vegeu l'antologia de textos de Fernand Léger, *Fonctions de la peinture* (París: Gonthier, 1965).

9. Vegeu l'entrevista de Richard Chase i Ted McBurnett a Richard Estes, a «The Photo-Realists: 12 Interviews», *Art in America* (novembre-desembre 1972); reproduït a l'antologia d'Ellen H. Johnson, *American Artists on Art (from 1940 to 1980)* (Nova York: Harper & Row, 1982): 146-151.

10. Vegeu l'entrevista d'Achille Bonito Oliva a Robert Ryman, *Domus* (febrer 1973); citada per Robert Storr a «Simple Gifts», *Robert Ryman,* cat. (Londres: Tate Gallery / Nova York: Museum of Modern Art, 1993): 39.

11. Vegeu l'entrevista d'Irmeline Lebeer a Gerhard Richter, *Chroniques de l'art vivant* 36 (febrer 1973): 15-16.

12. Ad Reinhardt, «Art as Art», *Art International* (Lugano) 6, 10 (desembre 1962).

13. Michael Fried, «Art and Objecthood», *Artforum* (juny 1967); reproduït a Gregory Battcock, *Minimal Art: A Critical Anthology* (Berkeley: University of California Press, 1995 [1a ed. 1968]): 116-147.

14. *Tony Smith: Two Exhibitions of Sculpture*, cat. (Hartford:Wadsworth Atheneum, 8 novembre-31 desembre 1996 / The Institute of Contemporary Art, University of Pennsylvania, 22 novembre-6 gener 1967).

15. Vegeu Lucy Lippard, *Tony Smith* (Nova York: Abrams, 1972): 8.

16. Clement Greenberg, «Anthony Caro», *Arts Yearbook* 8 (1965); citat per Michael Fried, «Art and Objecthood», op. cit., p. 138.

17. Totes les citacions de Godard són extretes de l'antologia *Godard par Godard* (París: Éditions de l'Étoile-Cahiers du cinéma, 1985).

18. Allan Kaprow, «Pop Art: Past, Present and Future», *The Malahat Review*, (juliol 1967); reproduït a l'antologia de Carol Anne Mahsun, *Pop Art (The Critical Dialogue)* (Ann Arbor i Londres: U.M.I. Research Press, 1989): 61-74.

19. Herbert Marcuse, *La fi de la utopia*, Ulisses Moulines trad. (Barcelona: Edicions 62, 1969). [Títol original: *Das Ende der Utopie*.]

20. Germano Celant, «Arte Povera - Appunti per una guerriglia», *Flash Art* (Roma) 5 (novembre-desembre 1967); reproduït en francès: «Notes pour une guérilla», *Identité italienne: L'Art en Italie depuis 1959*, cat. (París: Centre Georges Pompidou / Centro Di, 1981): 218-221.

21. Totes les citacions de Broodthaers s'han extret de *Marcel Broodthaers*, cat., Catherine David i Véronique Dabin eds. (París: Galerie nationale du Jeu de Paume, 1991).

22. Walter Benjamin, *Einbanhstraße* (Berlín, 1928); versió anglesa: *One Way Street and Other Writings*, capítol «Attested Auditor of Books» (Londres: Verso, 1985): 62.

23. Joc de paraules entre *l'être de malheur* («l'ésser de desgràcia») i *lettre de mal heur* (lletra malastruga), sintagmes que en francès sonen igual. (N. del trad.)

24. Vegeu l'entrevista amb Hans van der Grinten (desembre 1970); reproduïda en francès a *Chroniques de l'art vivant* 48 (abril 1974).

25. Joseph Beuys, «Death Keeps Me Awake», entrevista d'Achille Bonito Oliva (1973); reproduïda en alemany a *Joseph Beuys zu Ehren*, cat. (Munic: Städtische Galerie im Lenbachhaus, 1986).

26. Jerzy Grotowski, «Il n'était pas entièrement lui-même», *Vers un théâtre pauvre* (Lausana: L'Age d'homme, 1971): 85-94.

27. El text va ser publicat inicialment per Galleria La Bertesca (Gènova, desembre 1966) i reproduït a l'antologia *Michelangelo Pistoletto: Un artista in meno* (Florència: Hopeful Monster, 1989): 12-14.

28. Germano Celant, *Identité italienne*, op. cit., pp. 210-212.

29. L'entrevista de Carla Lonzi a Fabro va ser publicada inicialment a *Marcatre* 19-22 (abril 1966); reproduïda en francès a *Fabro: Entretiens/Travaux 1963-1986* (París: Art Edition, 1987): 162-164.

30. El text de Carla Lonzi ha estat reproduït a *Identité italienne*, op. cit., pp. 181-183.

31. Sobre els principis enunciats i experimentats per Carl Andre, vegeu el catàleg del Guggenheim Museum (Nova York, 1970), i l'entrevista de Phyllis Tuchman, *Artforum* (juny 1970): 55-61.

32. Maurice Merleau-Ponty, *Phénoménologie de la perception* (París: Gallimard,1989 [1a ed. 1945]): 307.

33. Ibid, p. 351.

34. Ludwig Feuerbach, *Das Wessen des Christentums*; citat per Guy Debord a la primera pàgina de *La Société du spectacle*.

35. Michel Foucault, «Des espaces autres», *A.M.C.* (París, octubre 1984): 46-49; reproduït a Michel Foucault, *Dits et Écrits* IV, Daniel Defert i François Ewald eds. (París: Gallimard, 1994): 752-762.

36. Roland Barthes, «L'activité structuraliste», *Essais critiques* (París: Seuil, 1964): 213-220.

37. Johannes Cladders, citat per Bernhard Bürgi, *Palermo: Œuvres 1963-1977*, cat. (París: Centre Georges Pompidou, 1985): 42.

38. Les dues citacions de Van Doesburg i Mondrian apareixen encarades al catàleg d'exposició *Domela: 65 ans d'abstraction* (París: Musée d'art moderne de la Ville de Paris / Grenoble: Musée de Grenoble, 1987): 265.

39. Totes les citacions d'Oiticica són extretes d'*Hélio Oiticica,* cat. (Rotterdam: Witte de With / París: Galerie du Jeu de Paume / Barcelona: Fundació Antoni Tàpies, 1992).

40. Totes les citacions de Smithson són extretes de l'antologia *The Writings of Robert Smithson,* Nancy Holt ed. (Nova York: New York University Press, 1979).

41. Reyner Banham, «Flatscape with Containers» (1967); reproduït a *Meaning in Architecture,* C. Jenks i G. Baird eds. (Nova York: Braziller, 1969).

42. Walter Benjamin, «Tesis sobre la filosofia de la història», *Art i Literatura,* Manuel Carbonell ed., Antoni Pous trad. (Barcelona: Eumo/Edipoies, 1984): 136. [Títol original: *Geschichtsphilosophische Thesen.*]

43. J.B. Pontalis, «L'Utopie freudienne», *Après Freud* (París: Gallimard, 1971 [1a ed. 1968]): 98-113.

44. J.B. Pontalis, «Sur le travail de la mort, *Entre le rêve et la douleur* (París: Gallimard, 1977): 241-253.

45. Herbert Marcuse, «Über der affirmativen Charakter der Kultur», *Zeitschrift für Sozialforschung* (1935). Versió francesa: «Réflexion sur le caractère "affirmatif" de la culture», *Culture et société* (París: Éditions de Minuit, 1970): 110.

46. Vegeu Jürgen Habermas, *Strukturwandel der Öffentlichkeit* (1962); versió francesa: *L'Espace public* (París: Payot, 1978).

47. Vegeu les entrevistes amb Foucault del 1967, recollides a *Dits et Écrits* op. cit., vol. I, sobretot pp. 585-586 i 606-609.

48. Entrevista de P. Caruso, ibid., p. 617.

49. Henri Lefèbvre, *El dret a la ciutat*, (Barcelona: Edicions 62, 1976). [Títol original: *Le Droit a la ville* (1968).]

50. Pel que fa al *Cushicle*, vegeu la publicació col·lectiva *Archigram* (Londres: Studio Vista, 1972): 64).

51. Vegeu Tomás Maldonado, *La speranza progettuale*, 1970; versió francesa: *Environnement et idéologie* 10/18 [1972]: 43).

52. Vegeu Lévi-Strauss, *El pensament salvatge*, Miquel Martí Pol trad. (Barcelona: Edicions 62, 1971): 60 [Títol original: *La pensée sauvage* (1962)]: «El *bricoleur* és capaç d'executar un gran nombre de tasques diversificades, però, a diferència de l'enginyer, no en subordina cap a l'obtenció del seu projecte... la regla del seu joc consisteix a arranjar-se sempre amb els "mitjans de bord", és a dir, un conjunt finit a cada instant d'eines i de materials, heteròclits a més a més, perquè la composició del conjunt no està en relació amb el projecte del moment.»

53. Vegeu Claes Oldenburg, *Proposals for Monuments and Buildings (1965-1969)* (Chicago: Big Table Publishing Co., 1969).

54. Louis Marin, *Stratégies de l'utopie*, P. Furter i G. Raulet eds. (París: Galilée, 1979): 126-127.

55. Michel Foucault, *Surveiller et Punir. Naissance de la prison* (París: Gallimard, 1975): 195-196.

56. Vegeu «The Burgeois(ie) as Concept and Reality» a Immanuel Wallerstein i Étienne Balibar, *Race, Nation, Class* (Londres: Verso, 1991): 135-152.

57. Vegeu la discussió a Jacques Lacan, «La Chose freudienne», *Écrits* (París: Éditions du Seuil, 1966): 402 i sq.

58. Aldo van Eyck, «A Miracle of Moderation», *Meaning in Architecture*, op. cit., p. 209.

59. Michel de Certeau, *L'Invention du quotidien*, vol. I (París: Gallimard, 1990; [1a ed. 1980]): 172-173.

60. Entrevista de Richard Prince a Vito Acconci a *Vito Acconci: The City Inside Us*, cat. (Viena: MAK, 1993): 172-173.

61. L'entrevista de Willoughby Sharp a Beuys apareix reproduïda a *Joseph Beuys in America*, op. cit., pp. 77-92.

62. Sobre *Hépérile éclaté*, vegeu *Raymond Hains*, cat. (París: Centre Georges Pompidou, 1976): 177.

63. En francès, *le premier poème à dé-lire* és un joc de paraules entre *délire*, que vol dir deliri, i *dé-lire*, que s'ha de traduir per «des-llegir». (N. del trad.)

64. Theodor W. Adorno, *Äesthetische Theorie* (Frankfurt: Surkhamp, 1973); versió francesa: *Théorie esthétique* (1989).

65. En francès es diu que un actor *se produit* (literalment: «es produeix») sobre l'escenari, és a dir, que hi apareix. (N. del trad.)

66. Reinhardt Koselleck, *Kritik und Krisis* (1959); versió francesa: *Le Règne de la critique* (París: Éditions de Minuit, 1979).

67. Maurice Blanchot, *Le Livre à venir* (París: Gallimard, 1979 [1a ed. 1951]): 345.

68. Jacques Derrida, *De la grammatologie* (París: Éditions de Minuit, 1967): 16.

69. Ibid., p. 25.

70. Claude Lévi-Strauss, «Introduction à l'œuvre de Marcel Mauss» (1950), a Marcel Mauss, *Sociologie et anthropologie* (París: P.U.F., 1950): 48-50; citat a Jacques Derrida, *L'Écriture et la différence* (1967).

71. Hans Haacke, entrevista de Jeanne Siegel, *Arts* (1971); reproduïda a *Artwords*, op. cit., pp. 211-218.

72. Eva Hesse, citada a l'obra monogràfica de Lucy Lippard (Nova York: New York University Press, 1976): 96.

73. Lucy Lippard, «The Circle», *Art in America;* reproduït a *The New Sculpture, 1965-1975*, cat. (Nova York: Whitney Museum, 1990): 76-83.

74. Sobre Mira Schendel, vegeu *Inside the Visible*, cat., M.C. de Zegher ed. (Cambridge, Mass.: MIT Press, 1995): 233-237, 292-293.

75. Vegeu la presentació de Pedrosa que fa Catherine Bompuis a *Interlope*, 13 (1995): 76-83.

76. Les cartes escrites per Artaud a Breton al llarg del període febrer-març del 1947 van ser publicades a *L'Ephémère* 8 (hivern 1968).

77. Marcel Broodthaers, «Le mur de Fernando Lerin», *Journal des Beaux-Arts* (abril 1962); reproduït a *Marcel Broodthaers: Le Maçon*, cat. (Brusel·les: Fondation pour l'architecture, 1991): 91.

78. *Marcel Broodthaers: Le Maçon*, op. cit., p. 51.

1. ROBERT RAUSCHENBERG
Feticci personali, 1953

2. JEAN-LUC GODARD
2 ou 3 choses que je sais d'elle, 1966

3. ÖYVIND FAHLSTRÖM
The Little General (Pinball Machine), 1967-1968

4. MICHELANGELO PISTOLETTO
Oggetti in meno, 1965-1966
Vista parcial / *Partial view* M.P. atelier, Torino, 1966

5. MARCEL BROODTHAERS
Pense-Bête, 1964

6. LUCIANO FABRO
Pavimento-tautologia, 1967

7. JOSEPH BEUYS
Stelle (Fettfilzplastik) vollständig mit Hochspannungswechselstrom aufgeladener Kupferplatte, 1967

8. HÉLIO OITICICA
*Parangolé, Nildo da Mangueira com P15 Capa 11,
Incorporo la revolta,* 1967

9. MARCEL BROODTHAERS
Le Corbeau et le Renard, 1967

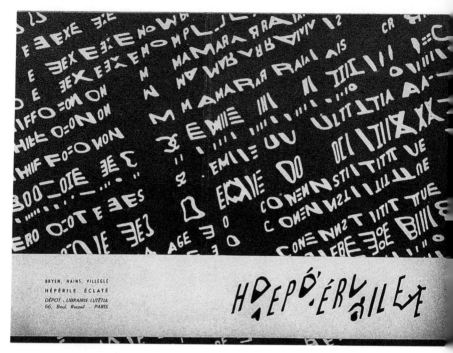

10. RAYMOND HAINS
Hépérile éclaté, 1953

11. EVA HESSE
Addendum, 1967

12. MIRA SCHENDEL
Objetos gráficos, 1968

The Year 1967
From Art Objects to Public Things
Or Variations on the Conquest of Space

The distinction between art objects and public things could give rise to a long theoretical exposé, but I will confine myself to a few preliminary remarks, so as to come more quickly to the historical material: the decade of the sixties, particularly the year 1967. I propose to distinguish two notions designating two orders of magnitude, or two registers of experience. Each of these notions itself calls for numerous distinctions, which I can only briefly sketch out, or indeed suggest, in the hope that the historical narrative will give them greater consistency.

A few reminders, first, on the object-thing difference. Every object is a thing, but not every thing is an object. The polysemia of the thing includes the definition of the object. An object is a thing one can grasp. But there are so many other things: everything that happens in the world, all the facts, the events. It is in this sense that the poet Francis Ponge took his "stand with things." Ponge's things, for the most part, are natural or artificial objects, but the first thing treated in the book of poems he published in 1942 under the title *Le Parti pris des choses* is not an object, for it's the rain, that is, a natural phenomenon and a spectacle whose unfolding the poet describes. A thing like the rain can be described as if it were an object – in this case, a mechanical object or a mechanism. But it is above all an event, and a verbal event. The stand taken with things calls for a kind of work on language which cannot be limited to the establishment of an objective fact, a descriptive factuality. The object exists in a world of objectivity; it stands apart from the subject, as objectivity stands apart from subjectivity. But the existence of things is not reducible to this type of relation. As Samuel Beckett noted in a 1948 text on Bram van Velde, the thing designates that which is common to all singular things, "thinghood." Bram van Velde's painting was, for Beckett, "the latest state of the School of Paris, after its long pursuit less of the thing than of thinghood, less of the object than its condition of being an object." It marked a "refusal to accept the old subject-object relation as a given."[1] I stress that Beckett had a solid grounding in philosophy; one could certainly draw parallels between his remarks and Heidegger's effort to go beyond Kant (in *What Is a Thing?*).

A second and complementary reminder: an art object is not necessarily a public thing. The art object is in the world, among the things of the world, but it does not necessarily appear in public. With "public thing" I imply the ancient Latin meaning of *res publica*, public affairs (whence the term "republic"). Art can be a private activity. And the fact that it can be is one of its best guarantees, at least in societies which recognize the juridical division between public and private. To situate the art object in relation to the *res publica* is thus a way of immediately, though implicitly, indicating that this division founds the cultural context in which I accept to place my narrative. When I say "public things," I do not mean religious things. Indeed, not all religions recognize the public dimension of the community they form; Hannah Arendt has underlined the "unpolitical, non-public character of the Christian community."[2] Nor do I mean political power. And I will try to steer clear of an immediate reference to the "social" character of the public domain. I simply introduce the public dimension in the transition from objects to things. This transition to the public dimension, or its possibility, is what primarily interests me. In certain circumstances, for example in a country living under a dictatorial regime, the transition can be difficult: an artistic activity judged to be subversive can be limited to the private sphere, that is, deprived of "publicity." But an artist can feel an analogous sense of privation without necessarily having encountered an identifiable political obstacle. The rupture between private and public space – or in other words, the reduction of the private to the privative, to recall Arendt's valuable distinction – can result simply from an exclusive and restrictive definition of the art object. The artist can feel separated, excluded, from the public domain to the extent that the art object has been too strictly separated from the things of the world, so as to exclude those things. I will try to show how, around 1967, art (and I stress that I have limited myself to Western art) had to become more inclusive, to avoid such an effect of separation. This was not without its risks.

By way of introduction, I have a few more remarks to make about the definition of the art object itself, which will lead us directly to the sixties. This definition has constantly evolved. Today, however, I believe we must begin with a clean break occurring in the early sixties. The art object is not the work of art; the idea of the work implies a quality which is not necessarily that of the object. The work is the Latin *opus*, even the *Opus Magnum* of the alchemists: the permanent result of an exceptional enterprise, or that enterprise itself. The work is linked to workmanship, implying regular, methodical attention. Above all, the work is the incarnation of an identity which can live on beyond its creator, forming the "complete works" after gradually having constituted an evolving body of work. When considered as a creator, with all the theological connotations attached to the term, the artist "works his art" somewhat as a magician works magic; and his works are not simple objects, they form an ensemble, a "world" of their own. To designate these works as objects is implicitly to render them banal, to devaluate them, by reinserting them in a context of production and exchange which partakes of the profane, pre-existing world. The artist is then no longer a creator but a producer.

At the close of the nineteenth century and the dawn of the twentieth – at the time of the Arts and Crafts movement in Great

Britain – the celebration of a preindustrial culture of community led a few ideologues inspired by romantic medievalism to resituate the work of art as an outgrowth of the craftsman's *métier*, challenging the divide established since the Renaissance. For Rilke, the artist's application and devotion to his work (as though to holy work) was similar to the patience of the craftsman-artist. The work had to present itself overtly as workmanship, lest the artist be degraded to the rank of simple producer. Marcel Duchamp proposed another solution: the artist would retain his rank, despite the proverbial stupidity of painters, if he carried out a radical dematerialization of his activity, by replacing the exercise of a craft with procedures of decision. There was no other way to overcome the competition of the aesthetic novelties produced by industry. Duchamp recognized that the process of the work's devaluation was ineluctable as long as its definition as *cosa mentale* ("mental thing"), proposed by Leonardo da Vinci, was not fulfilled. The reduction of the work to an ordinary object invested with a purely distinctive value by the artist's decision corresponds strictly to the fulfillment of nihilism advocated by Nietzsche. With the *Large Glass*, the work regains its speculative dimension, and can then reappear as the *Grand Œuvre* of the alchemists, the *Opus Magnum*.

During the sixties, even before the appearance of so-called "conceptual" art, a few artists contributed to this process of the devaluation of the work, sometimes with explicit reference to Duchamp. Recall, for example, the early proposals of Robert Morris, which present themselves as speculative objects. Staying within the United States, one might also evoke the period of installations and performances, derived from assemblage and from the "happening." The activities of Fluxus in Europe and in the United States, led by Maciunas, partake of similar principles. All of this emerges from the neo-dada of the fifties, marked by the personality of John Cage, with his links to Duchamp. In Rauschenberg's early period at the start of the fifties, before the *Combine*

Paintings – and particularly in the series of assemblages from 1952 entitled *Scatole personali* – one rediscovers the spirit of dada primitivism in its entirety. This primitivism became manifest at the Pincio Gardens in Rome in 1953, when Rauschenberg presented his *Feticci personali* (Personal Fetishes) (fig. 1), put together during a stay in North Africa. Nothing remains of these objects but a few photographs, which are quite beautiful; they glorify a sense of fragility and fleeting necessity, in a picturesque mode imposed by the setting.[3] I will not linger over this period, my subject being the late sixties; nonetheless, I would like to emphasize one essential point. What all these artists could find in Duchamp – and not only Duchamp, what they could rediscover in the past to meet their own needs – was less a negative and negating dimension than the possibility of an artistic experience freed from the constraints induced by the imaginary register of "the work." When the autonomous, enduring work is no longer the necessary finality of artistic activity, the artist does not aim at an identity withdrawn from finitude. The art object can be presented as a contingent proposal, limited in time, or as an accessory to an ephemeral experience – though it may then have to take on the ambiguous status of a "personal fetish."

Regardless of the effect they may have had on a necessarily limited public, these singular gestures, which can appear to deride the high values of artistic creation, should not mask all that was involved in the pursuit – or reprise – and above all the transformation of the historical process of the devaluation of the work set into motion by dada. In 1918, the first manifesto of Berlin dada declared: "The word dada signifies the most primitive relation to surrounding reality; with dadaism a new reality comes into its own." In the early sixties, in a period of economic growth incomparable to the situation of Europe after the First World War, the significance and timeliness of nihilism was at once more radical and less circumscribed. The artists of the sixties rediscovered the alternatives of primitivism or revolution which had confronted the dadaists (before the great divide between constructivism and surrealism opened up in the twenties). All kinds of hybrid formulas – or compromises – sketched themselves out in the perspective of a playful appropriation of public space, finally carried out by the actors of May '68. In a more limited domain, the appropriation of the media (photography, cinema) and of the aesthetic novelties produced by industry remained a means of undermining the system of the Fine Arts to achieve that more direct relation with reality evoked by the dadaists. The development of arte povera since 1967 forms part of this continuum, particularly if it is considered as an international tendency, beyond the Italian context. But one must not neglect the vast shift carried out since the fifties by that other, earlier tendency, known as Pop art (which, again, must not be reduced to a few canonical works or overly institutionalized figures).

After an initial period of negation and insurrection, dada was largely assimilated by modernism, and particularly by constructivism. In 1920, the machine-man no longer appeared as a figure of antihumanist derision, but as a model of the "new man." In the architectural domain, where the constructivist principle is obviously essential since it is literally a matter of construction, the early masters of modernism such as Gropius or Le Corbusier attempted to model themselves on the anonymous industrial monuments of the nineteenth century. The functional beauty of engineering works rapidly became one of the clichés of modernism. The definition of the International Style in the early thirties, on the occasion of the exhibition at the Museum of Modern Art in New York by Philip Johnson (a disciple of Mies van der Rohe) and the historian Henry-Russell Hitchcock, clearly marked the institutional normalization of experimental modernism. In the fifties, when the radical functionalism of the "Athens Charter" formulated by Le Corbusier in 1941 found its massive application in programs of urban reconstruction and development, it was already apparent that the definition of the International Style had to be revised, enlarged, on the basis of a freer and more experimental interpretation of functionalism. Le Corbusier's own Brutalism, in the Unité d'Habitation of Marseilles, had cleared the path. In Great Britain, where the first manifestations of Pop art appeared, the architects Alison and Peter Smithson systematically developed this orientation, presenting themselves as partisans of a "New Brutalism" which was to be less a style than an ethics.[4] But where Le Corbusier published pictures of grain silos in the twenties, the Smithsons preferred to collect advertising images – a significant difference. If it was to be more inclusive than the International Style, and if it was to break with the overly exclusive principle of the autonomous constructed object, modern architecture could no longer content itself with assimilating the beauty of functional monuments; it also had to integrate the new givens of the media imagery with which consumers invented their life styles.

American Pop art took hold in the sixties as a primarily pictorial movement. It proposed a simple, direct imagery. But it appeared under the sign of ambiguity, divided between art and the media. In the United States and then in Europe, quarrels of interpretation blazed between those who accused Warhol, Lichtenstein, and the others of liquidating the expressive potential of the avant-garde and those who recognized the unsettling force of a new episode of nihilism. Everything and its contrary made it into the press. These quarrels even contained a resurgence of the debate over realism that had marked the Paris art scene a century before. In any case, nobody denied that Pop painting could correspond to Daumier's famous slogan, taken up again by Manet: *Il faut être de son temps* (One must be part of one's time). In 1967, the black artist and activist Romare Bearden, who had been a student of George Grosz, still thought that a pictorial satire of American mass symbols could contribute to social protest, even if cinema was more effective.[5] In the United States at the time, people spoke of "protest art" more than of critical art. In Germany, with its strong tradition of *Kulturkritik*, American Pop painting was initially considered as a contribution to the "crisis" of bourgeois art, then as proof of the integration of the artistic vanguards into the culture industry.⁶ A similar development took place in Italy; but a book by Alberto Boatto, *Pop Art in U.S.A.* (Lerici, 1967), credited Pop for effecting a critical interruption of consumer reflexes. In France, the painting of Warhol and Lichtenstein entered into competition with indigenous objects labeled "Nouveau Réalisme," which, according to Pierre Restany, glorified the "folklore of industrial man" consecrated by Marshall McLuhan. But by 1967 this solid defense network, built around a few grand figures of French origin or residency – Klein, Tinguely, Hains – had fallen; in the January issue of the journal *Aujourd'hui*, Restany published an article "in praise of the new American humanism," which he saw as opposing the romantic refusal of industrial progress and testifying to the "gradual shift of planetary consciousness toward a reasoned optimism." Structuralist antihumanism and its echoes in art, then the May '68 revolt, clearly belied that conviction.

Even when reduced to a few American painters, Pop art is inseparable from a cultural phenomenon which goes far beyond the domain of the Fine Arts. Therefore, even at the risk of appearing to support a crass determinism, I must resituate the pop transformation of artistic models in a broader political and economic context. It is obvious that the nineteenth century slipped into the distance as consumer society and postindustrial mass culture developed. But it must be added that the new imperialist order set into place by the United States differed significantly from the colonial conquests carried out by the European powers of the nineteenth century. The alibi of the West's civilizing mission remained, but this mission was now essentially directed against the modern barbarity of totalitarianism, and more precisely, after the defeat of Nazism, against communism. Imperialism no longer needed territorial conquests to guarantee its access to raw materials, all the less so because it had to mark its distinctiveness from the Soviet model; now it would work through the networks of exploitation and commercialization established by the multinationals. The new world order was "made in U.S.A.," like Hollywood dreams, Disneyworld, and the major consumer products in the media spotlight. Warhol's Campbell's Soup cans and Coca-Cola bottles, after Jasper John's flags, marked the moment when the art object began formally to resemble the product, in the context of a new economic and cultural imperialism. Art was the international vitrine where the aura of the artwork merged with that of the commodity-object, to the profit of an imperialist economy. In 1963, the German artists Gerhard Richter and Konrad Lueg (today known as Konrad Fischer) illustrated the phenomenon by exhibiting themselves in a Düsseldorf store. They presented their performance as a "demonstration for 'capitalist realism,'" under the title *Leben mit Pop* (Life with Pop). "Capitalist realism" was a German variant of Pop art, to the extent that it responded to the socialist realism which formed the official norm in East Germany. But in the context of the Cold War, the name would also have fit what Walter Hopps had designated as *The New Paintings of the Common Object*, the title of the first museum exhibition devoted to Pop art (Pasadena, September 1962). Retrospectively, then, Rauschenberg's "personal fetishes" could be seen to constitute an epiphenomenon of what Marxist theory has identified as "commodity fetishism."

Let me recall that Marx used the term to designate the illusion, or "enchantment," which results from the disguising of social relations as objective relations between things, when the exchange value attributed to the product of labor is incarnated in the commercial object. It can be said that commodity fetishism is the most spectacular manifestation of the "reification" of social relations in commercial society. In any case it is significant that this concept, which had been reworked in the twenties (notably by Isaak Roubine) and then discarded from communist orthodoxy, should have become a kind of magic word in the sociological lexicon of the sixties. The famous inscription on a wall of the Sorbonne in May '68, *Cache-toi, objet!* (Hide yourself, object!), was a call for the disappearance of exchanges characterized by commodity fetishism. This, implicitly, was the notion that allowed Joseph Beuys to criticize the Duchampian model of the ready-made: "The silence of Marcel Duchamp is overrated," he declared in 1964. Much later, in the course of an interview with Irmeline Lebeer in 1980, he returned to the teaching and the limits of the ready-made: "Duchamp appropriated finished objects, such as the famous urinal which he did not create himself, but which is the result of a complex process belonging to modern economic life, based on the division of labor." Beuys approved of this "important innovation," but only up to a point: "This observation did not lead him to the clear and simple conclusion that every man is an artist. On the contrary, he climbed up on a pedestal, saying 'Look at how I shock the bourgeois.'" Thus Duchamp's gesture remained, for Beuys, a "mystification." It should instead have been recognized that "the urinal is not the product of a single man. Thousands of people worked on it: those who extracted the kaolin from the ground, those who brought it to Europe on ships, those who transformed the raw material, and finally the innumerable persons who cooperated inside the factory to make it into a finished product."[7]

Here we touch the nerve-center of the problematic of the object in the art of the sixties. The "common object" of Pop art is no longer the use-object of the still-life painters, which can be graced with a decorative value or charged with symbolic resonance. It is a product, and a product packaged with a brand-image. Warhol's Campbell's Soup cans and Coca-Cola bottles are exemplary in this respect. They set up a relation between the painted image and the brand-image which cannot be reduced to the competitive relation between the art object and the industrial object indicated by Fernand Léger in the twenties. The latter sought to bring the distinctive value of the art object up to date, maintaining that the artist should be capable of meeting the challenge of the "beautiful manufactured object" by creating its "equivalent" – but without falling into imitation, because "the *realistic* value of the work is completely independent of any imitative quality."[8] Warhol, for his part, developed a realism based on reproduction. He was no more "imitative" than Léger, but he reproduced the image of a product instead of interpreting the form of an object.

At the moment when Warhol replaced the manual application of pigment with the silk-screen process, pictorial work came even closer to the model of mechanical industrial production. It now had to do with conceptual operations, choices, and procedures of fabrication. The pictorial event no longer resulted from a gestural activity, as was the rule in so-called "expressionist" abstraction, but from the accidents of reproduction. The same attitude can be found in the work of Gerhard Richter, Sigmar Polke, and all the painters who accepted the model of reproduction in order to transform it. Richter, for example, does not copy or imitate photographs; he paints photographic pictures (*tableaux*), which he defines as photographs realized by the means of painting. Thus he anticipated photorealism, whose appearance in the late sixties was only a radicalization of the principles put forth by Warhol: indifference, neutrality, refusal of commentary. The laconic formula *no comment* effectively sums up everything in the sixties which partakes in a rejection of empathy and sensibility. The critic Ivan Karp spoke in 1963 of "Anti-Sensibility Painting." The photorealist painter Richard Estes redoubled the stakes when he declared in a 1972 interview that the problem with Pop art, to which he owed a great deal, was that it had "too much comment" and was "a very sophisticated intellectual game type thing."[9]

In 1967, at the beginning of American photorealism, the pictorial image had effectively approached the mechanical image, just as the art object had approached the ordinary object. Yet one must still stress the huge gap between the primitivism inherited from dada – as manifested in the movement around Fluxus, for example in the work of George Brecht, or of course that of Beuys – and the final offspring of Pop. George Brecht uses an ordinary chair as the support for an "event"; he does not seek to produce a visual fact. As a broad generalization, one can distinguish two opposing attitudes. On one side are the artists of literal objectivity, who refuse any metaphorical interpretation; on the other are those who use material borrowed from the everyday environment to produce imaginary gaps, or a veritable metaphoric contagion. For Beuys, a triangle of fat stuck onto a chair is not a plastic fact which can be reduced to a combination of formal and material elements. The proposal's simplicity is not an end in itself. The object's constituents are to function as symbolic elements; and one must understand "elements" in all the senses of the word, from the definition of a structure to the indication of a natural principle which constitutes physical reality and determines its properties. Also in 1967, the painter Robert Ryman presented his first one-man exhibition in New York: the series of *Standards*, at Paul Bianchini Gallery. Ryman refused the image and illusionism, but he sought to be "realist" to the extent that he materially condensed the parameters of pictorial activity in the painting and counted on the particular arrangement of the exhibition to complete this experience. In 1973, he would call himself a "romantic," like Rothko, because he considered that pictorial activity, as an experience, could not be subjected to a preconceived idea or theory, as tended to be the case in "mathematical-type" deductive procedures.[10] The same year, Gerhard Richter, who was working on the reality of the photographic image at antipodes from illusionism, said that he felt close to Ryman; he invoked the heritage of romanticism and claimed to paint "historical" paintings, while standing apart from the photorealists who "represent the present world, with its cars, freeways, etc."[11]

One could say that around 1967, the most widely shared attitude among artists was a kind of mystique of the real. Indeed, never had so much been said about the real, as though it were necessary to counter an inflation of objects, images, and signs with the immediate certainty of a physical presence. However, this mystique of the real took very different paths; and here again one can distinguish two major orientations, even two extreme positions. On one side, the modernist principle of the autonomous artistic fact led to a hyperreductionism. On the other side was Beuys' statement "Every man is an artist." The painter Ad Reinhardt established the radical, indeed definitive, form of reductionism. From 1953 to his death in 1967, he painted only black paintings, which were supposed to be "the last paintings that can be made." His 1962 manifesto, "Art-as-art," espouses an ultimate definition of artistic exclusionism, presented as a dogmatic credo. Reinhardt took the stance of the first heretic in the history of modernist dogma, as Americanized by Clement Greenberg. I quote the opening of the text: "The one thing to say about art is that it is one thing. Art is art-as-art and everything else is everything else. Art-as-art is nothing but art. Art is not what is not art."[12] Reduced to its extreme limit of possibility, art is in itself a limit; it defines itself by defining all that is outside it. Here we recognize the application to art of the old theological discussions about the ends of man. The solution proposed is above all a perfect tautology: the definition of art consists in the very work of definition. A great deal of so-called "conceptual art," beginning with the speculations of Joseph Kosuth, would take this path. At the same time, it offered a challenge to be met, a limit to be crossed, in order to displace artistic activity to a field outside the picture plane. The limit was clear, since it precisely matched the definition of the picture. One can hardly be surprised that the minimalists, coming after Reinhardt, should have sought to rethink the object in terms of a transformation of space, or as a means of constituting a place. Dan Flavin's neons are characteristic. But perhaps even more so are the first floor pieces by Carl Andre, constituted of metal plates arranged in a checkerboard, in 1967.

The same year, the critic Michael Fried published his famous essay "Art and Objecthood" in *Artforum*, denouncing the theatricality of "literalist" art in response to the texts and declarations of Tony Smith, Robert Morris, and Donald Judd. Fried, a disciple of Clement Greenberg, used the word "theatricality" to designate everything that contradicted the autonomy and anti-illusionism of the modernist work. His condemnation of a theater which perverts and corrupts obviously echoes a strong puritan tradition, opened by Jean-Jacques Rousseau's *Lettre sur les spectacles*. One reads, for example: "Art degenerates as it approaches the condition of theater." Then appears the specter of total art, that is, "the illusion that the barriers between the arts are in the process of crumbling." Theater is what "lies between the forms of art"; it allows for a dismissal of the "issue of value or quality," which is meaningful "only within the individual arts."[13] But what interests me here is not Fried's dogmatism, which Robert Smithson mocked with considerable wit in a letter to the editor of *Artforum*. It is rather his lucidity. Indeed, any simple geometric form constituted as an object which seems to have been pulled out of the picture plane, as though by stepping beyond the limits of the picture, can be called "theatrical," or has been theatricalized. The space, or stage, where the work of art renounces its extraterritorial autonomy and presents to the spectator its strange belonging to the world of objects can be called theatrical. When I speak of a strange belonging, I am thinking of the Freudian notion of *Unheimlichkeit*, the uncanny, which François Roustang has proposed to translate into French as *l'étrange familier*. Indeed, this effect of the uncanny, of the familiarly strange, is exactly what Tony Smith's black metal pieces introduce into public space. This is what clearly troubled Michael Fried. "I think of them as seeds or germs that could spread growth or disease," declared the artist. "They are black and probably malignant. The social organism can assimilate them only in areas which it has abandoned, its waste areas, against its unfinished backs and sides, places oriented away from the focus of its well-being, unrecognized danger spots, excavations and unguarded roofs."[14]

This declaration is remarkable. One understands why Tony Smith had become Fried's *bête noire*. But Fried did not know how closely he hit the mark when he denounced the anthropomorphism of Smith's hollow structures. Their baleful and contagious aspect results from a childhood brush with death. Struck with tuberculosis, Smith had spent his early years apart from his family, in a little house built behind that of his parents. He tells how he was brought medicine in little boxes which he used to construct kinds of pueblo villages.[15] What Fried defines as a theatrical literalism therefore partakes in reality of a contagion unleashed by the metaphorical object. Beneath the apparent domination of the object and of what Fried calls "objecthood," Smith's "malignant" structures actually carry out a metaphorical displacement of privative experience into public space. Outcast in his early years from the family community, deprived of the first access to public life, Smith projected this experience into the structure of the art object, thus denouncing a social pathology founded on exclusion. The art object, with its strange belonging to the world of objects, is the thing that reveals – or, if one prefers, that stages or theatricalizes – this pathology, associating the expression of the symptom with the process of reification.

Fried made no mistake. Smith was the antimodernist *par excellence:* the one who revealed the pathology of an exclusive definition of artistic autonomy. Clement Greenberg maintained that modernism had pulled free of illusionism, but even more importantly, of the domination of the object, to the extent that it had to resist kitsch. The painters of the New York School, such as Pollock or Barnett Newman, had radically broken with the model of the easel painting and thus with the painting-object, to which the cubists remained attached. For Greenberg, this break allowed the advent of a purely optical art, which could manifest and glorify the pure spatiotemporal conditions of subjectivity. Sculpture itself had to dematerialize in order to escape "the structural logic of ordinary, ponderable things."[16] The neo-dada assemblage of the fifties and the Pop art of the sixties marked a return to the object, which from this viewpoint could only be a regression. Without insisting on the optical criterion, Fried subscribed to the essence of Greenberg's argument. Thinking no doubt of Frank Stella above all, he discerned the appearance around 1960 of a situation which was formerly unknown in modernism but which nonetheless issued from the principle of anti-illusionist literalness transformed into literalist dogma: "the possibility of seeing works of art as if they were *nothing more* than objects." The merit of Anthony Caro's sculpture stems, for Fried, from its capacity to "resist" this reduction. The specter of theatricality is thus the return of what modernism had dismissed: the dramatic scene of reification, which assimilates the art object to the "ordinary, ponderable things" of which Greenberg had spoken. Fried did not take up this theme, just as he refused to speak of Pop art. Four years earlier, however, Thomas Hess had already defined and denounced as "theatrical" the manner whereby the ambiguity of the object-simulacrum of Pop art implied a public, and even a broad public. Fried simply mentioned in a note that literalist theatricality was almost omnipresent in contemporary art, since less distinct and controlled forms of it could be found in the work of Kaprow, Cornell, Rauschenberg, Oldenburg, Flavin, Smithson, Kienholz, Segal, etc. His idealism blinded him. All he saw was the common drama of finitude, which he contrasted to the exceptional gift of grace.

There is one more point which I would like to underline in "Art and Objecthood." Fried notes that the cinema, "by its very nature, *escapes* theater entirely," because it does not physically stage the actor in front of the spectator. This idea is more than banal, it is a cliché among film theorists. But I think it interesting to remark that it is precisely the idea that filmmakers such as Jean-Luc Godard and Glauber Rocha set about taking apart in the sixties. Godard never ceased repeating that he wanted to integrate the theater – and documentary – into cinematographic fiction. At the time of *Vivre sa vie* in 1962, an allegorical film on prostitution as reification, he spoke of "theatrical realism," of *théâtre-vérité*. The film is divided into twelve *tableaux* as in early cinema, to emphasize, as he puts it, "the theater side, the Brechtean side." The relation of cinema to painting, which is essential for him (as he showed in *Passion* in 1981), is tied up with the notion of the *tableau vivant*, which again refers back to the theatrical model. This is why the last tableau of *Vivre sa vie*, Godard indicates, was supposed to be "more theatrical than all the others," even as it condemns Nana the prostitute to the role of a model victim of pictorial resemblance. It is certain that Godard never took any real interest in contemporary art (with the one exception of Pop art, particularly its montages of images borrowed from the media). Greenberg's view of modernism is even more foreign to him. But that should not hide the crucial difference. When he filmed *2 ou 3 choses que je sais d'elle* (fig. 2) in 1966 – for distribution in 1967 – his inclusive approach was the exact opposite of late modernist hyperreductionism. This is why he could integrate a theatrical model to cinema and replay the dialectical history of a cinematographic theatricality in his films. "You can put everything in a film," he said. "You should put everything in a film. When people ask me why I talk or have characters talk about Vietnam, Jacques Anquetil, a woman who cheats on her husband, I point the person who asks me the question back to their everyday life. Everything's there. And everything is juxtaposed. That's why I'm so attracted by television. A TV news program made with carefully fashioned documents would be extraordinary."[17]

In 1966-67, at a time when the Pop aesthetic – which, in Lawrence Alloway's words, had been particularly "expansionist" – was already absorbed by the media production from which it had initially drawn its inspiration, Godard lent cinema a theatricality capable of integrating and criticizing the media. This is particularly apparent in *Masculin-Féminin*, a film that describes the generation of "the children of Marx and Coca-Cola," which is also the Brecht-Warhol generation. In the plastic arts, the transition from art objects to public things occurred along two lines which occasionally converged, as in Godard's cinema: media integration, with all its ambiguities (integration of and by the media), and critical or protest-oriented theatricalization. I have already indicated that in America during the upheaval of the sixties, the idea of protest art tended to overshadow that of critical art, which is less immediate, more distanced. The theatricalization of the language and gestures of revolt, combined with the uncanniness of the simulacrum drawn from everyday life, formed the principal alternative to a bourgeois culture centered on the perpetuation of the high values of contemplative art. These values were obviously more deeply rooted in Europe than in America; but what Clement Greenberg showed was ultimately a way of adapting them to the American context, where he invested them with a function of resistance to mass culture, dominated in his eyes by the kitsch popularization of bourgeois models. Another conception of art, more anthropological than aesthetic, challenged this dogmatic confrontation and refused to limit its input into contemporary culture to the enlargement of a formal heritage. This other conception was identified with the broad movement of Pop. It was essentially theatrical, as a rock concert, a happening, or a political demonstration can be theatrical. It can be summed up by the story of the Living Theater, whose *succès de scandal* inspired crassly commercial imitations, such as the Broadway musical comedy *Hair*.

So-called "alternative theater" constituted an artistic model, since it allowed for the conjunction of protest and critique, blending the activities of an underground or nomadic communalism with Brechtean-type realism. At this point the street appeared as an ideal site for theater, whether it was regarded as an open stage or as a pop decor filled with signs: Main Street, or Fremont Street in Las Vegas, celebrated by the architect Robert Venturi (*Complexity and Contradiction in Architecture*, 1966). Photography, like cinema, played an essential role here. Venturi based his re-evaluation of the "pop" environment on photos published as indictments by Peter Blake in his 1964 book *God's Own Junkyard*. 1967 was the year of the exhibition *New Documents* at MOMA, associating Diane Arbus with the two street photographers Lee Friedlander and Garry Winogrand. The same year, the French philosopher Henri Lefèbvre drafted his book *The Right to the City*, evoking the "spontaneous theater" of "the ephemeral city, the apogee of play and supreme *œuvre* and luxury"; here he pretended, in the name of dialectics, to ignore all that distinguishes playful activity from the *œuvre* and from work, while also mistaking the crowd's preprogrammed pleasures at the World's Fair in Montreal for outbursts of spontaneous joy. But this kind of confusion was common in the left-wing circles nostalgic for the street art of the twenties.

Today one can recall a few distinctions. The street full of neon signs bears no resemblance to the abandoned industrial quarters of lower Manhattan occupied by New York's artistic bohemia in the fifties, whose emblematic image can be found in Claes Oldenburg's installation *The Street* (1960), inspired by Dubuffet and *art brut*. The appropriation of the commercial environment by Robert Venturi and Denise Scott Brown – who published a first sketch of *Learning From Las Vegas* in 1968 – combines a dandy's sense of stylishness with a critique of the heroic postures of late modernism; this critique could be associated with contemporary protests against the effects of social segregation brought on by urban renewal. But criticism does not have the immediacy of protest. Similarly, dandyism is not bohemianism, much less revolutionary bohemianism, even if they sometimes frequent the same cultural neighborhoods. The critique of the International

Style was acceptable within the walls of the MOMA – which published *Complexity and Contradiction in Architecture* – because it took on the respectable forms of the scholarly dispute; the photographs of Friedlander and Winogrand could also be exhibited there. The spectacle of the street had long since entered the museum. But it was in the street itself that the social protests and riots against segregation took place.

In 1967, while Lichtenstein was painting rather abstract canvases and constructing equally "modern" sculptures in homage to art deco and the thirties, Allan Kaprow, the inventor of the happening, remarked on the "preciosity" of Pop art, initially characterized by nostalgia for the popular culture of the thirties: "In order for Pop art to overcome its preciosity, it must move out into the open. The place for it is in the streets" – at the fairgrounds, on the walls, where the gigantic faces of the film stars are posted.[18] But that was no more than a pious wish, or the display of a militant nostalgia regretting the disappearance of spontaneous theater in the ephemeral city. This is why, at the same time, a number of so-called "conceptual" artists began to develop more critical, less sentimental approaches. Dan Graham, the most Pop of the early American conceptual artists, was interested in rock and in the commercial magazines despised by sophisticated culture. He "designed" articles which were supposed to produce a structure of critical information and to exhibit it on the page, such as "Homes for America," which for lack of a more broad-based publication was released in *Arts Magazine* (December 1966-January 1967 issue). In this way, Graham sought to oppose the model of the enduring work of art with the disposable consumer item, more radically than Pop had done. Critical information in an ephemeral context – that is, the self-reflexive formulation of a media product – replaced the protest-oriented theatrical event. A few artists, like the Swede Öyvind Fahlström (who had come to New York in 1961), nonetheless maintained both attitudes, refusing to consider media integration as a critical alternative to protest actions. Fahlström was an artist-journalist-activist, a painter, a documentary filmmaker, and a playwright. Less American, more international than Warhol, he succeeded in projecting poetic play into the mobile, literally floating plane of a planetary *tableau: The Little General (Pinball Machine)* (1967-68) (fig. 3), a piece made of mobile elements in a pool of water.

* * *

1967 was an important year for Godard. He presented *Made in U.S.A.* in January and *2 ou 3 choses que je sais d'elle* in March; then he filmed *La Chinoise*. This film marked the beginning of what are conventionally called his "Mao years." He staged the future actors of May '68, in particular the students of Nanterre University where the revolt would begin. *La Chinoise* can be defined as an exercise in theater on film, conceived in the spirit of Brecht's didactic plays. For the premiere at the Festival d'Avignon in July, Godard published this short declaration, in the form of a "manifesto": "Fifty years after the October Revolution, American film reigns over world cinema. There's not much to add to this statement of fact. Except that on our own modest scale, we too should create two or three Vietnams amid the vast empire of Hollywood-Cinecittà-Mosfilms-Pinewood, etc., and economically as well as aesthetically, fighting on two fronts, we should create national cinemas, free and fraternal, comrades and friends." This little text perfectly reflects the anti-imperialist tone that dominated avant-garde politics at the time of the Vietnam War, in Europe and in the United States, when artists sought their models in the Third-World liberation struggles and in the Chinese Cultural Revolution launched by Mao Zedong.

In Italy in this same year, the first manifestations of arte povera did not take on an immediately political character. Nonetheless, in the November-December issue of the new magazine *Flash Art*, Germano Celant, acting as the spokesman of the artists he had grouped together under that name, published an article entitled "Arte Povera - Appunti per una guerriglia." In a more literary context, Umberto Eco, one of the prime movers behind the journal *Quindici* (which had come out of Gruppo 63), spoke of "semiological guerrilla warfare." These formulas illustrate the assimilation of Third-World political struggles by the ideologues of the cultural vanguard, at least on a metaphorical level. In May, protest demonstrations against the Vietnam War took place in many cities across the country. The enthusiasm raised by the struggle of Che Guevara redoubled after his death in October, a death which made him a hero of anti-imperialism. Finally, one must not forget that it was in Italy that the revolts on American campuses found their first European echoes, with the occupation of the Catholic University of Trent during the fall, followed immediately thereafter by similar events in Milan and Turin. All of this was accompanied by a profound mistrust of the Marxist orthodoxy, not only because "real communism" had evolved into a bureaucratic system but also because the forces of revolutionary transformation could no longer simply be identified with the proletariat.

A similar defiance characterized the New Left in America, through a diversity that ranged from the Civil Rights movement to the hippies and all the forms of the counterculture, by way of the radicals inspired by the analyses of Charles Wright Mills or by the libertarian communalism of Paul Goodman. It was frequently echoed by another very influential thinker, Herbert Marcuse, in particular during a meeting in Berlin in July 1967 when he remarked: "As far as the forces of transformation are concerned... today nobody is in a position to give a prescription for them, in the sense of being able to point and say, 'Here you have your revolutionary forces, this is their strength, this and this must be done.'" For "no revolutionary class can be defined in the capitalist countries that are technically most highly developed." The proceedings of this meeting, which had been organized by the students of the Free University of Berlin, were published the following year under the particularly eloquent title *The End of Utopia*.[19]

Thus Celant's text on arte povera fit into an ideological context where the notions of alienation and of a repressive system called for revolt and for a multiplication of emancipatory actions rather than for "the revolution." The contemporary artist, remarked Celant, works in a system from which he cannot escape: he wants to reject consumer society, yet is "one of its producers." In the absence of a Marxist revolution which would allow for a thoroughgoing change in the system, the sole solution is incisive action, perpetually renewed and unpredictable: "What we see is a new attitude that pushes the artist to move, to constantly slip away from the conventional roles, from the clichés with which society has burdened him, in order to retake possession of a 'reality' that is the veritable realm of his being. After having been exploited, the artist becomes a guerillero: he wants to chose the place of battle and to remain mobile, the better to strike by surprise."[20] The picturesque quality of a rather naive and somewhat opportunistic political terminology should not mask the immediate sources of this theoretical stance: Celant's essay, which is ultimately more retrospective than programmatic, was largely inspired by a text published by Michelangelo Pistoletto to accompany the presentation of his *Oggetti in meno* (Minus Objects) (fig. 4) at Galleria La Bertesca in Genoa in the winter of 1966-67. Celant's merit was above all to have grouped under the same banner a number of artistic proposals which, despite their diversity, had confirmed the direction indicated by Pistoletto. Indeed, he clearly recognized the inaugural significance and the effectiveness of the *Oggetti in meno*, since he placed them at the beginning of his retrospective inventory. For my part, I would briefly like to emphasize this genealogy, in order to resituate a few outstanding traits of arte povera within a problematic of the object and the image-object opened up by Pop art. But I will first return to *2 ou*

3 choses que je sais d'elle, which precisely marks the experimental aim of a new realism confronted with the norms of postindustrial culture.

The film can be considered as a prolongation or a broadened reprise of *Vivre sa vie*, since the main character, Juliette (played by Marina Vlady), is a mother forced into prostitution. The documentary background is life in one of the housing projects of the Paris suburbs (the town is called La Courneuve). Thus Juliette is a new figure-type of the alienated woman, in a society where objects have more existence than people do and where the inflation of signs tends to "drown out the real." Nonetheless, documentary description never reduces itself to simple observation. The film develops a movement of consciousness; it *is* this movement of consciousness. Thus, seventy-one minutes into the film, Godard's voice murmurs from off-camera: "Rediscover the B.A. BA [the ABC] of existence." This brief declaration, suggesting a project within the impoverishment of the imaginary dimension, accompanies a rapid left-right pan over the three blue letters B.A.B. on the white light-box of a commercial sign. The next shot is a full-face view of Marina Vlady, in front of a typical apartment block of a suburban housing complex, which in French is called a *grand ensemble*. The regular, bluish facade fills the entire screen, except for the small, medallion-like contour of the woman's face, cut off at shoulder height and situated in the bottom center of the image. The portrait is therefore inserted like a miniature into a long shot, or *plan d'ensemble*. This play between architectural and cinematographic terminology is one of the keys to the film. Addressing the camera in a calm, melancholic tone, Marina Vlady recalls "a funny feeling" that she recently had. She explains what it was: "The feeling of my ties to the world." She turns to the right, bringing her profile into a strict parallel with the apartment block. The camera follows the movement, gliding along the facade, then describing a 360-degree panorama over the landscape of the housing complex. Off-camera, Juliette says: "Suddenly I had the impression that I was the world and the world was me. It would take pages and pages to describe that ... Or volumes and volumes..." At the close of its panoramic movement, the camera turns back to her as she concludes: "A landscape is the same as a face."

A previous sequence ended with the same phrase. Juliette was already trying to recapture a missing link with the world. She even seemed to be succeeding. But the decor was completely different. Instead of describing the circle of concrete buildings in a suburban apartment complex, the camera followed Juliette's hurried pace through a sun-drenched Paris cityscape. Reminiscence, empathy, freedom of movement, are prior to description. The latter treats an ensemble of visual givens which are foreign to the intimate consciousness of existence, but nonetheless constitutive of the zero-point from which one must "start over again." These are the last words of the film, which ends on a view of an urban landscape fabricated with boxes of soap and other consumer products: "I've forgotten everything, except that since I've been brought back to zero, that's where I'll have to start over again." It seems to me that these few sequences hold a kind of allegorical summary of the situation of the artists who, around 1967, sought to rediscover "the most primitive relation to surrounding reality," like the Berlin dadaists in 1918. But to rediscover "the ABC of existence" meant taking account, quite literally, of living conditions which had become extremely hostile to individual improvisation. It was necessary to take the side of things, as Francis Ponge had indicated a generation before (indeed, Godard often quotes Ponge); but things were now as much consumer objects and commercial signs as objects of daily use or elements of the natural environment. Human consciousness of the world was subject to the logic of the inventory, and the body had become an image or an unstable assemblage of fragments. Godard appealed to phenomenology (Husserl, Sartre, Merleau-Ponty) to reconceive cinema as a movement of consciousness upheld by perceptual experience. An object, he said, "is perhaps what allows you to put things together... to go from one subject to another, therefore to live in society, to be together." But the movement of consciousness, the movement of the film, had to integrate the images and signs of a media culture that phenomenology had never treated. Godard also mentioned the solipsistic objection to empathic fusion, quoting Wittgenstein (*Tractatus* 5.6): "The limits of my language mean the limits of the world."

At the same time, in 1967, in his California studio, Bruce Nauman created a piece with similar implications. I'm thinking of the famous neon inscription *The True Artist Helps the World by Revealing Mystic Truths*. Wound into a spiral, the pompous phrase is quite difficult to decipher, forcing the viewer into rather ridiculous contortions. In reality it is not an "inscription" but an illuminated sign. The idea of the inscription is too noble. On the contrary, Nauman wanted something vulgar; he produced a grandiose declaration in a trivial form. He also wanted his declaration to be hard to read, as hard to read as it is to believe. Finally, his studio had been set up for several months in an old store with a window looking out to the street, where a sign like that would fit perfectly. Thus the artist played brilliantly with a mystifying definition of artistic activity, which he reduced to a slogan doubled by a gross tautology (the true artist produces truth). What is more, he provoked a contradiction between the content and the form of the message, contrasting the triviality of the advertising medium with the immediacy of mystical revelation. At the same time, in one last turn of the screw, all this wealth of irony acted to confirm the slogan. The believability and effectiveness of the revelation benefited from a clever concession to skepticism.

For Nauman no less than for Godard, irony is not an end in itself. It simply shares in a process of desacralization which temporarily dissipates the enchantment of the commodity by feigning to accept it, so as to liberate and displace the belief that has lodged there. A slogan is a mystification but can become a poetic statement, just as a tautology is not only a truism but also, as Wittgenstein points out, the foundation of logic itself. Everywhere we find the same operation. The artist must accept the transfer of the sacred into the cult of the commodity, as Baudelaire had done when he celebrated the *Muse vénale*. Art's pretension to embody higher values must be undone, the model of the work as the receptacle of the truth must be thrust aside, in order to find the right relation – equivocal and always mobile – between artistic activity and reified consciousness. Since dada, since Duchamp, but also, as Walter Benjamin showed, since Baudelaire – and, I would add, since Flaubert (in *Bouvard and Pécuchet*) – every postromantic artist is confronted by the necessity of sacrilege.

Among the artists of the sixties, after Warhol, no doubt it is the poet Marcel Broodthaers who formulated this necessity with the most provocatively false naiveté. In 1964 he decided to embark on "the conquest of space" by producing objects which could be exhibited (and commercialized); and so he poured plaster around the fifty unsold copies of his last collection of poems, *Pense-Bête* (fig. 5). On the invitation to his first exhibition, he declared: "I too wondered if I couldn't sell something and succeed in life.... The idea of finally inventing something insincere crossed my mind and I immediately set to work."[21] I cannot retrace the genesis of this "idea" here. One would have to invoke the example of Manzoni, who in February 1962 had transformed Broodthaers into a work of art, complementing the act of signature with a certificate of authenticity. I will only recall that somewhat later, Broodthaers noted the decisive influence of Pop art: "Eighteen months ago I saw an exhibition of Segal's casts in Paris; it was the departure point, the shock which led me to produce works myself. Then came Lichtenstein, Jim Dine, and Oldenburg, who completed the germination of the seeds sown by the irritable, awkward, great René Magritte." I'll also recall that Broodthaers had already evoked this effect of "shock" in a critical review of the Jim Dine exhibition presented by Galerie Aujourd'hui in Brussels in November 1963: "Pop," he wrote, "partakes of pamphleteering or provocation or poetry. It hurls out a curse [*malédiction*], and on its own head calls down insult and disdain." And he added: "These artists pursue the construction of the infernal road inaugurated by dada, an international movement. So long live dada, long live dadapop, long live Jim Dine."

Broodthaers' "insincerity" was more than a flight from the impoverished condition of a poet condemned to an activity "without recompense." It was more than a strategy of conquest, more than a bid to project himself into the world of art (the space of objects) to find a public. Engaging in the venality of commerce was above all a way of fulfilling the poet's curse by other means. Broodthaers never ceased recalling and even exhibiting his references: the Belgian, René Magritte, whom he contrasted to the American Pop artists as a basis for what he called "a lesson of National Pop Art"; but also Baudelaire and Mallarmé, "who unconsciously invented modern space." In 1967 he began to produce photographic canvases which offered him new means of fabulation. He invented the picture-screen (*tableau-écran*) for the filmic interpretation of a fable by La Fontaine (*Le Corbeau et le Renard* [The Crow and the Fox]). He summed up his itinerary to date: "I began with poetry, continued with three-dimensional works, and finally arrived at film, which combines several artistic elements. That is to say writing (poetry), the object (something three-dimensional), and the image (film)." But in 1974, when it was time to sum things up again, after having developed all different sorts of fictions, he declared to Irmeline Lebeer that "the book is the object that fascinates me, because it is, for me, the object of a prohibition. My very first proposal bears the imprint of that evil spell [*maléfice*]."

"The archaic silence of the book," which Benjamin evoked in a discussion of Mallarmé, had become the object of a prohibition.[22] Mallarmé "unconsciously invented modern space," but that space is, precisely, the space of the unconscious. It is a stage which cannot be transposed to public space, lest it be used to celebrate a mystifying, reified magic. Thus in 1967-68, having interrupted his "lesson of National Pop Art," Broodthaers became a "man of letters" exposed to typographical errors (failings, transgressions). He rewrote La Fontaine's fable on a picture-screen, as a rebus, in riddles. The superiority of the fox over the crow was literally displaced into the gap between the letters D and T: "D IS BIGGER THAN T," he wrote on the screen, taking the two letters joined at the center of the name BrooDThaers and disseminating them through the text, as the name of Ponge was disseminated in the fabric of *Le Pré* (published in 1967 in a collection of poems, the *Nouveau Recueil*). The following year, an exhibition at the Wide White Space Gallery in Antwerp featured a variation on the fable-riddle: the painter's inscription sealed in glass took the crow's place alongside the fox, on a shelf attached to a printed picture. But the fox's ruse was still the old *système D*, as in the verb *se débrouiller:* "making do" as a substitute for the painter's work, now that the artist had become "the man of printed letters." Broodthaers was particularly familiar with Magritte's feigned "mistakes." But Magritte had died on August 15, 1967; and when "the crow rings, the painter is absent." All that remained of the painter, as of the fox, was an inscription in a funerary jar. The crow had triumphed, in the guise of the Raven: it was he, *l'être de malheur*, the letter of misfortune and foreboding, the ill-starred being of the baleful hour – Midnight – that had haunted Poe, Baudelaire and Mallarmé; he would "ring" at last. And so in the painter's absence, the fox could only play his ruse in the space of letters. Hence the necessity of the typographic shortfalls, like the letter H elided from the artist's name in the invitation to the Antwerp exhibition, an error already inscribed in 1964 (*Mea Culpa*), at the time of the presentation of *Pense-Bête*. The failings of a disinterested poet turned venal through commerce in objects came to be literally inscribed in the artist's name. The "mystery in letters" was, for Mallarmé, to be effectively played out in letters, and thus also in the book – "the total expansion of the letter" – rather than on a theatrical stage in public space. That prohibited mystery could still be accessible to the exhibiting artist, if he consented to move from the play of mistakes to the guilty experience of error.

But that move was no solution. It meant remaining beneath a curse which could only be accepted, indeed exalted, with all the humor of the unconscious. Other artists proposed solutions – in particular Beuys, who retained the greatest confidence in the artist's thaumaturgic powers. Not surprisingly, Broodthaers reproached Beuys rather violently for that stance, shifting to him the criticisms that had already been leveled against Wagner by Nietzsche (and by Mallarmé). Beuys believed that artistic activity could transcend "the phenomenon of reification," which for Broodthaers was the curse of the poet-artist. Beuys refused any fixation on the object or the image-object; for him, sculpture was a plastic action proceeding above all from a fully theatrical dramatization of materials. The artist was to be the mediator of a social experience; he should reinstate a relation of participation in the world, all the way to cosmic dimensions, through an activation of the energetic and symbolic efficacy of materials (felt, fat, copper). Beuys also thought the artist could produce a mythology, while Broodthaers confirmed, after Barthes (*Mythologies*, 1957), that the most powerful mythology of our times is the one shaped by the culture industry, whose accomplice the artist becomes if he plays the role of magician. Beuys did not ignore the fact that "the man of myth is not a free man," but still he felt the need to "activate the ancient contents of myth" and to achieve their integration into modern consciousness, founded as it is since the Enlightenment on the principle of freedom. This would be a way to escape the resurgence of mythic contents as a return of the repressed (National Socialism having already been a return of the Enlightenment's repressed).[23]

In Beuys' performance *Eurasienstab* (July 1967, Galerie Nächst St. Stephan, Vienna; February 1968, Wide White Space, Antwerp), the place of artistic action is the space of a nomadic thinking which seeks the creation of a political cosmogony: the reconciliation of East and West, symbolized by the "Eurasian staff." The place of the action is delimited and insulated by pieces of felt; the nomadic thinking also mobilizes the chaotic plasticity of fat and the element of copper, a conductor of energy. This cosmogonic thinking is constructive. It perpetually recreates the order of the world around the built, dismantled, and rebuilt dwelling. "Something is assembled and disassembled," explained Beuys; "I might say that it is a tent which is pitched and then struck."[24] Ritually identified with a nomad's dwelling, the artistic action converts chaos into a creation which prefigures a geopolitical integration, in a mythological mode. For Beuys in 1967, the geographic synthesis of Eurasia is the utopian conversion of an artistic ritual into a political action. Here, in the period of the Cold War, we see a reprise of the latent orientalism which, from German romanticism all the way to surrealism, had already qualified all the hopes for a new mythology. The Orient is no longer the faraway land that opens its gates, like a dream, in Egypt (Nerval). It is no longer situated beyond the Mediterranean, beyond the seas, but at the far end of the continental plains which stretch from Germany through the land of the Tartars.

For Beuys, artistic activity was a therapeutic and thaumaturgic enterprise, turned entirely toward a process of integration and reconciliation. The activation of myth was to allow modern man to integrate his archaic past. Modern man had to assimilate his animal origins, his suffering, his death, just as the *logos* (language of wisdom) must open to *pathos* and accept empathy. Thus the teaching of Christ could remain exemplary, and art could again join hands with messianic theophany. For Broodthaers, on the contrary, there was no possible redemption; art could never be anything but a mystification. In 1975, a few months before his death, he declared: "Imprisoned in its fantasies and its magical usage, Art adorns our bourgeois walls as a sign of power." He added: "I have discovered nothing, nothing, not even America. I make the choice to consider Art a useless labor, apolitical and of little morality. Urged on by an ignoble inspiration, I will not conceal that if the wrongs are on my account, they will give me a kind of pleasure. A guilty pleasure, because it would depend on the victims – those who believed me right."

The Beuys-Broodthaers split reopened a debate that had been sparked by the antirationalism of the early German romantics, concerning the possibility of a new mythology in a disenchanted world. Wagner had been convinced of that possibility, as had the French romantic socialists in their nostalgia for medieval communitarianism. Much later André Breton, an adept of Fourier's utopias, would continue to hope for "a new *myth* on which to found a lasting cohesion" (interview with Jean Duché in 1946). The sixties saw the popularization of such hopeful nostalgia, with the multiplication of "alternative cultures" and the hippie communitarianism that peaked in 1967. The theatrical spectacle, including music and dance, was taken as the prototype of a collective creation whereby phenomena of community cohesion could be catalyzed through participation in a group. Thus theater was likened to a rite. Japanese Gutai, the American happening, and Vienna actionism (all derived from *informel* painting) had worked simultaneously on the physical theatricalization of the exhibition space and the plastic ritualization of the stage space. Artaud became a cult figure – but far more as the author of *The Theater and its Double* than as the poet who refused to participate in the postwar surrealist communions. Jerzy Grotowski, the inventor of "poor theater" (from which springs the notion of arte povera) designated the contemporary period as "the era of Artaud," in a text published in *Les Temps Modernes* in April 1967. But he went on to remark that the theorist of the theater of cruelty now suffered from the same success that had already "compromised" Stanislavsky and Brecht. Grotowski mistrusted "cosmic trances" and "magical theater." In his descriptions of Balinese spectacles, Artaud had grasped the place of myth in sacred theater, but his interpretation was a misunderstanding: "Artaud deciphered 'cosmic signs' and 'gestures evoking higher powers' in elements of the spectacle which were concrete expressions, specific theatrical letters from an alphabet of signs universally understood by the Balinese." This romantic misunderstanding of the tradition would lead to false hopes for contemporary theater: "Artaud dreamt of producing new myths for the theater, but his beautiful dream was born of a lack of precision. For to the extent that myth forms the basis or armature of the experience of entire generations, it must be created by future generations and not in the theater. At most theater may have contributed to the crystallization of a myth. But if so, it will have been too close to the central current of ideas to have been creative."[25]

These remarks by Grotowski turn me back to the origins of arte povera. Here, I repeat, Pistoletto is the major figure. Like Beuys, he proposes a solution, but it is a quite different solution, since it proceeds above all from a will to dedramatization. Presented several times in 1966-67 – in the artist's studio, then in a gallery (La Bertesca, in Genoa) – the *Oggetti in meno* can initially be considered a response both to American Pop art and to minimalism. In 1965, Donald Judd published his famous "Specific Objects," where he remarked that a broad range of contemporary artistic production was unclassifiable in the traditional categories of painting and sculpture. His own work clearly belonged to this unclassifiable trend, as did all the art that would later be designated as minimalist (or literalist). The "specificity" described by Judd contrasts with the generic definitions within which an earlier modernism had developed; however, it is actually quite misleading, because it establishes a new generic definition, recognizing very dissimilar objects by their common characteristic of being neither painting nor sculpture. The same year this essay was published, it was the *Oggetti in meno* which could have been more rigorously qualified as specific. Pistoletto himself stressed that each of these objects results from a strict contingency and that they are as diverse and heterogeneous as the occasions from which they spring. Thus they are "minus" objects, since they are so many fulfilled possibilities, subtracted from the realm of the possible. "They are objects through which I free myself from something – not constructions, but liberations," Pistoletto wrote. "I do not consider them more but less, not pluses but minuses, in that they bring with them a perceptual experience that has been definitively externalized. According to my idea of time, one must learn how to free oneself from a position even while conquering it."[26]

It's easy enough to recognize the game of "loser wins." Since 1963 Pistoletto had been associated with American Pop art, having exhibited his *quadri specchianti* ("mirroring pictures," or less precisely, "mirror paintings") at Galerie Sonnabend in Paris and at Leo Castelli Gallery in New York. He now broke off this affiliation, cut himself free from a brand image, by creating objects which in their very principle were opposed to the serial model shared by both Pop art and minimalism. Everything that would make arte povera a political response to the triumph of Pop art, as well as an alternative to minimalism, was already contained in his refusal to compare artistic activity to production. Thus he could take up the experiment of the mirroring pictures afresh, outside the interpretation they had received in the context of Pop art. I quote the two first paragraphs of the text drafted to accompany the exhibition of the *Oggetti in meno* at Galleria La Bertesca: "In March 1962 at the Promotrice in Turin I exhibited my first mirroring picture, entitled *Il presente*. The painted man came forward, as though alive, into the living space of the gallery; but the true protagonist was the relationship of instantaneousness which was created between the spectator, his own reflection, and the painted figure, in an ever-present movement which concentrated past and future in itself to such an extent as to call their very existence into doubt. This was the dimension of time. I feel that in my recent works I have entered the mirror and actively penetrated the dimension of time which was represented in the mirroring pictures. These recent works of mine bear witness to the need to live and act in accordance with this dimension, i.e., in light of the unrepeatable quality of each instant of time, each place, and thus of each present action."

I will not linger over the mirroring pictures, but simply insist on the central idea: the introduction of the dimension of time into space. Since 1962, Pistoletto had been as radical as the performance artists, the actor-artists, but without leaving behind the pictorial form. He refused the dramatic gestures of the earlier generation. In the abstract painters (Pollock, Fontana, Klein) he still saw the drama of man enclosed in a cage, prisoner of a situation with no escape, as portrayed by Francis Bacon. To find a way out, Pistoletto did not require the invention of a new gesture or a move outside the limits of pictorial form; he simply had to bring the *tableau* down to ground level and into the real space of the spectator, as a human-size mirror. Thus he introduced the time of the spectator-actor into the space of the image. And if one considers the first proposals of arte povera in 1967, what initially emerges – no less than the notions of energy and of raw materials which have so often been advanced to characterize these works – are the parameters of the image and of time, the idea that the image can be projected into space, materialized, embodied, and put into action. Indeed, this explains the close relations of arte povera and theater (in particular through the enormous influence of the Living Theater), as well as the links to experimental film (whose Italian developments began in 1967, after American models were brought in by Jonas Mekas and Taylor Mead). It additionally explains how so many connections could originally be drawn – before the dividing lines were strictly established – with apparently more formalist research into perception and what was sometimes called "pure visibility," or with the experiments in visual environments carried out by kinetic and optical artists.

It was within this very broad, rich context that "arte povera" gradually took form, until the final definition of a group which is today limited to some twelve figures: Anselmo, Boetti, Calzolari, Fabro, Kounellis, Mario and Marisa Merz, Paolini, Pascali, Penone, Pistoletto, and Zorio. But that is only a list. Celant himself had more inclusive aims, and an ambition to raise his critical activity to an international level. In the text accompanying the double exhibition *Arte povera e im spazio* at La Bertesca in 1967, he spoke first of the way cinema and theater present "elementary human situations," before describing what specifically pertains to "the visual arts." Moreover, he chose to end his descriptive itinerary with Emilio Prini, remarking: "In his work, space can and must be born suddenly and everywhere; it becomes at once the stage and the surrounding theater. The attention focuses on the optical-acoustic rhythm. The image and the sound element work in parallel to the spatial elaboration."[27] Two years later, in 1969 – which was also the year of Harald Szeeman's famous exhibition in Bern, *When Attitudes Become Form* – the anthology *Arte Povera* published by Celant at Mazzotta Editore included most of the names listed above, with the exception of Boetti, Marisa Merz, and Pascali. Added were Prini, among the Italians, as well as numerous Americans, including Carl Andre, Eva Hesse, Robert Morris, Bruce Nauman, Walter de Maria, Richard Serra, and Robert Smithson; Germans, among them Beuys and Reiner Ruthenbeck in Düsseldorf, along with others who had settled in New York such as Hans Haacke; and finally, artists of diverse European provenance, whether English (Richard Long and Barry Flanagan) or Dutch (Marinus Boezem, Jan Dibbets, Ger van Elk). However, I must stress that the book's table of contents does not indicate the nationality of the artists, but rather the city where they worked. Today the trend in criticism is still to associate arte povera with what the Americans have called postminimalism, or the antiform tendency of conceptualism (which emerged in 1968). But these notions of postminimalism and antiform only make sense in a very narrow, overly linear history of art. In any event, the significance of arte povera is much more apparent when it is not reduced to the Italian context.

One should also avoid the reduction of arte povera to the plastic works, and learn to follow its resonance outside accepted values or conventional slogans. The euphoria of the art market in the eighties encouraged a more attentive examination of a few individual bodies of work; it also pushed a few artists to repeat, and to force their image. Jannis Kounellis, in particular, experienced a veritable consecration in the United States, comparable to the successes of Keifer and of Baselitz. Mario Merz has done all he can to be considered the Beuys of the Mediterranean. Today one could more usefully place the accent on phenomena of catalysis and convergence which stem from particular moments and from precisely identified proposals, rather than on worlds built up around a few exceptional figures. Thus, Pistoletto's *Oggetti in meno* clearly belong within the body of work – or the itinerary – of a singular artist, but they are also one of the significant events from which a new artistic situation in Turin and in Rome could emerge, in a political and cultural context marked by the contestable and contested hegemony of Pop art. The same observation could be applied to the object-simulacra of Pino Pascali, and perhaps even more to Luciano Fabro's early proposals, first advanced in 1963.

* * *

In many respects, the "conquest of space" on which Broodthaers embarked when he began producing objects for exhibition was the initial, if not principle, aim of those who created arte povera. This common interest was all the more marked in its different manifestations. The spectacular dimension in the work of Pascali or Kounellis, for example, contrasts with the discretion of Fabro's spatial constructions, to which the idea of arte povera could seem to apply more directly. Pascali produced object-images which impose themselves on the spectator, theatricalizing the place of exhibition. They are also "fake sculptures," empty forms, which always speak of the imaginary, of fiction and artifice, even and especially when they deal with nature. On the contrary, Fabro proposed "things" which were carefully articulated in the actual space of perception, inviting an experience of perceptual appropriation. In 1965, in an interview with Carla Lonzi, Fabro insisted that his research was in no way figurative, even if the objects he presented could apparently to be reduced to a tautological presence. "I feel the tension in a stressed bar," he said. "It's completely different than a line that might take the same form. I want to rediscover this type of perception."[28] The example was particularly well chosen, since it would be echoed by Anselmo's proposal *Torsione* (1968) and later again by Nauman. Discussing a 1966 piece, *In Cubo*, Carla Lonzi made a remark that underscores Fabro's distance from the imaginary exuberance developed by Pascali: "Fabro's last work is a cube, its structure made of wood and metal, covered with white sheets on the surfaces.... In this room of air, delimited by surfaces and identical corners and conceived to fit one single viewer, man becomes only an element of relation with the proportion of space he is allotted.... Because the viewer is deprived of things he finds the base of a spatial behavior which is also self-regulation."[29]

There is no doubt more precision and openness in Fabro's "concrete" art than in Pascali's imaginary theater. This difference is pushed to an extreme if we recall Pascali's *32 mq di mare circa* and Fabro's *Pavimento-tautologia* (fig. 6). Both pieces date from 1967; the former was first presented in July during the exhibition *Lo spazio dell'immagine* at the Trici palace in Foligno, and the second in September at Celant's exhibition *Arte povera e im spazio* (which took explicit distance from the directions suggested in

Foligno). From the first to the second a kind of reduction, or rather, a systematic impoverishment of the image can be seen. But this operation takes place in a continuum, as the increasingly simple and actual affirmation of a place in space, a place defined within the exhibition space. The same idea is found again a little later, filled with new resonance, in the work of Pier Paolo Calzolari, where it is developed over three different pieces: the carpet of artificial grass crossed by a freezer tube (*Untitled*, 1967), and the two lead flower beds of 1968, *Como lago del cuore*, polished with olive oil, and *Piombo rosa*, tinted with pink typographer's ink. Sticking to works from 1967 alone, one could also draw parallels between the first *Tapetti nature* by Piero Gilardi, the *Campi arati* by Pascali, and the work *Campo*, done by Kounellis at the Attico in Rome, in relation to the famous painting with the parrot.

In all these cases except Fabro's *Pavimento-tautologia*, the plastic proposal is built up around a binary opposition: nature-culture, or nature-artifice, which is specified by a more or less conflictive relation between content and form, or, in Kounellis's terms, between "sensibility" and "structure" – which is also to say, between an element of organic presence, a living thing (an animal, a plant), and an inorganic element. I will not develop this point, which would lead me too far afield. The essential thing here is the simplest element shared by all of these proposals, including Fabro's *Pavimento*, which is an affirmation of horizontality, the material definition of a clearly marked-off horizontal plane, in answer to the vertical picture plane and to the uprightness of statuary. In the United States, as I have already pointed out, Carl Andre did his first "floor pieces" in 1967, formed of a grid of metal plates which he conceived rigorously as the cut-out of a volumeless *place* in *space*. This formula came after the *Equivalents* of 1966-67, presented at Tibor de Nagy Gallery in New York and then at Virginia Dwan Gallery in Los Angeles, where he had established the idea of "cuts into space." Also in 1967,

Beuys produced a floor piece whose title specifies its exemplary composition: *Stelle (Fettfilzplastik) vollständig mit Hochspannungswechselstrom aufgeladener Kupferplatte* (Place [Plastic of Fatfelt] Complete with Copper Plate Charged with High-voltage Alternating Current) (fig. 7).

In an interview with Phyllis Tuchman in 1970, Carl Andre remarked that his interest in inexpensive materials brought him close to European arte povera. The parallel became stronger when he declared in regard to the metal plates: "I do not think of them as flat. I think, in a sense, that each piece supports a column of air that extends to the top of the atmosphere. They're zones. I hardly think of them as flat, any more than one would consider a country flat, just because if you look at it on a map it appears flat. Again, obviously, they are flat but, that's curious, I don't think of them as being flat."[30] Here one immediately recalls Yves Klein's "zones of sensibility" and his "exhibition of the void" at Iris Clert Gallery in 1957, which left a deep mark on the entire artistic scene of the sixties, both in the United States and in Europe. Carl Andre would also rediscover the definition of space as *ambiente* (meaning at once ambient space, environment, lived space), which had determined the orientation of the experiments in Italy in the sixties, when the early proposals of arte povera were still linked with the research in kinetic and optical art. With all the rigor that characterized him between 1963 and 1968 when he held the image at a distance, Fabro himself conceived his tautological proposals as interventions in ambient space, in the *ambiente;* for, he insisted, it is the human body which provides the measure of spatial things when they are the objects of a perceptual appropriation.

In Fabro's work as in Carl Andre's, arte povera rediscovered the distinction established by Merleau-Ponty between abstract geometric space and anthropological space differentiated by perceptual experience. As open-ended as it may be – and Carl Andre speaks of "a column of air that extends to the top of the atmosphere" – the ambient milieu is always the space of a concrete experience, which physically engages the spectator over a certain length of time (*durée*). Since Husserl, phenomenology has effectively used the term "field of presence" to define the ambient space qualified by the spatiotemporal experience of perception. "Perception," wrote Merleau-Ponty, "provides me with a 'field of presence' in a broad sense, extending in two dimensions: the here-there dimension and the past-present-future dimension."[31] Thus the dialectic of space and place in an ambient milieu is not an abstract representation; and thus we understand why Fabro initially sought to keep the image at a distance. As the place of art was defined in a living space animated by the body, so the identity of the artist or the spectator was to be formed through an activity of perceptual appropriation which eluded the fascination of the image (and more particularly, in a context dominated by Pop art, the fascination of the image-object). With his declaration "Every man is an artist," Beuys merely sought to extend to public things the logic of experience that Fabro called "tautological," and which could more aptly be termed "topological." I would even be tempted to say that the theatrical utopia of Beuys is based on the attempt to share or to make commonplace the "field of presence" defined by phenomenology.

In any event, the key word of 1967, at the moment when Fried denounced the theatricality of minimalism, was unquestionably *space:* the space of perception and the space of structures. In both cases it was a matter of revealing an elementary reality which would allow one to overcome illusory or abstract representations. As Merleau-Ponty wrote in the forties, "the perception of the world is simply an expansion of my field of presence without transcending the latter's essential structures; the body always remains an agent and does not become an object."[32] But in 1967, in *The Society of the Spectacle*, Guy Debord described the major obstacle. I quote the first lines of the book: "The whole of life in those societies in which modern conditions of production prevail presents itself as an immense accumulation of *spectacles*.

All that once was directly lived has become mere representation." Debord's epigraph is a quotation from Ludwig Feuerbach's *The Essence of Christianity:* "But certainly for the present age, which prefers the sign to the thing signified, the copy to the original, representation to reality, the appearance to the essence... *illusion* only is sacred, *truth* profane. Nay, sacredness is held to be enhanced in proportion as truth decreases and illusion increases, so that the highest degree of illusion comes to be the highest degree of sacredness."[33]

In March of the same year in Paris, Michel Foucault gave a lecture entitled "Of Other Spaces," from which I will now quote only the introduction: "The great obsession of the nineteenth century was, as we know, history: with its themes of development and of suspension, of crisis and cycle, themes of the ever-accumulating past, with its great preponderance of dead men and the menacing glaciation of the world. The nineteenth century found its essential mythological resources in the second principle of thermodynamics. The present epoch will perhaps be above all the epoch of space. We are in the epoch of simultaneity: we are in the epoch of juxtaposition, the epoch of the near and far, of the side-by-side, of the dispersed. We are at a moment, I believe, when our experience of the world is less that of a long life developing through time than that of a network that connects points and intersects with its own skein. One could perhaps say that certain ideological conflicts animating present-day polemics oppose the pious descendants of time and the determined inhabitants of space. Structuralism, or at least that which is grouped under this slightly too general name, is the effort to establish, between elements that could have been connected on a temporal axis, an ensemble of relations that makes them appear as juxtaposed, set off against one another, implicated by each other – that makes them appear, in short, as a sort of configuration. Actually, structuralism does not entail a denial of time; it does involve a certain manner of dealing with what we call time and what we call history."[34]

Foucault's vocabulary and the structuralist method he employed in *The Order of Things* (1966) are not those of phenomenology. It seems to me that this gap marks exactly the division of artistic culture in the late sixties, against a common background. Godard, for example, took the phenomenological stance against Foucault, despite all that *2 ou 3 choses que je sais d'elle* shares with the general tendency evoked in the lines quoted above. One may also recall that in 1963, Roland Barthes described a structuralist "activity" rather than a "method," an activity which he recognized as "the controlled succession of a certain number of mental operations."[35] Four years later, Sol LeWitt confirmed this observation when he wrote his "Paragraphs on Conceptual Art" (*Artforum*, June 1967). He radically opposed concept to perception, program to realization, but at the same time he set himself carefully apart from any rationalist model: "This kind of art is not theoretical or illustrative of theories; it is intuitive." In 1967 Sol LeWitt was actually much closer to Eva Hesse than to Joseph Kosuth. And one could make a number of such remarks. A cultural division does not necessarily signify a radical separation. In reality, one would have to distinguish slippages, displacements, calculated ambiguities. Eva Hesse's use of minimalist and conceptual models is remarkable in this respect; in her work, the taste for paradox that characterized LeWitt's conceptualism is pushed to the absurd and the grotesque.

More generally, it can be said that the importance accorded to space in the art of the late sixties covers a vast spectrum of possibilities, from the extensions of concrete art to the manifestations of a new mannerism founded on the refusal of the functional order. Painters like Blinky Palermo in Germany or Richard Tuttle in the United States are particularly interesting because they bring the two tendencies into subtle association. In both men's work, painting is at once something elementary, concrete, and at the same time a dream stage, a theater of color, composing simultaneous figures or configurations. Johannes Cladders recalls that "during the exhibitions, Palermo set great store by the organization and distribution in space of the works exhibited. Each piece had its own place, which articulated it alone and at the same time established and even underscored the correspondence between it and another work. The exhibitions he organized himself always took on the character of a decor."[36]

Before launching the concrete art movement in Paris in 1930, Theo van Doesburg – who had been the primary force behind De Stijl as well as a dada activist – noted in his 1926 manifesto "Towards an Elementary Art": "At the basis of an artwork one always finds a relation of elements and not a relation of forms. The individual forms have obscured these elements and their reciprocal relations." This idea led Van Doesburg to maintain that each art must functionally affirm its specificity: "The artist must attain a maximum of plastic expression solely by his universal means of expression; the painter by color, the sculptor by volume, the architect by materials." But when he returned to a more general definition, it was to declare: "This is the art of ELEMENTARISM, which we have developed in painting and materialized as architecture." The same year, Mondrian claimed that nonfigurative geometric art, the kind termed "abstract," should base itself on a "concrete manifestation," seeking a "plastic expression of vitality." The aim of this art was *joie de vivre;* and Mondrian added (in the spirit of Van Doesburg): "To achieve this, the 'painting' of purely abstract art is not enough; its expression must necessarily be *realized in our material environment* and thus prepare the realization of pure equilibrium in society itself. Only then will 'art' become 'life.'"[37] These utopian ideas underwent powerful development in the fifties and sixties, particularly in neoconstructivism and in the work of many environment artists. At the same time, the norm of geometric purity stated by Mondrian was increasingly disputed. The crisis of "geometricism" was not new; one could even maintain that geometricism is in permanent crisis. But this crisis deepened when it became clear that far from leading to *joie de vivre*, the application of the geometric model had done terrible damage to the urban environment, after the massive realization of functionalist ideology. The two tendencies I have indicated (concrete art and mannerism) betray precisely this historical ambiguity, in very different cultural contexts.

In Brazil, the example of concrete art, enlarged and adapted to the regional cultural situation, was decisive in the formation of the "general constructive will" proclaimed by Hélio Oiticica in 1967, during the exhibition *Nova Objetividade Brasileira* at the Museu de Arte Moderna in Rio. In the late fifties Oiticica himself had participated in the Brazilian neoconcrete movement, following the impetus of Lygia Clark. In the very early sixties references to Mondrian abound in his writings; he insists on "the experience of color, [the] specific element of painting."[38] But the important thing was to transport this experience into space-time, outside the pictorial form, through a development of the attitude that Lygia Clark had deduced from Mondrian's indications. Hence the idea of the *Núcleo* in 1960, and the *Penetrables,* in 1961; the latter are defined as "mobile frescoes, in human scale, but most importantly, 'penetrable.'" (Jesús-Rafel Soto, the kinetic artist of Venezuelan origin, would take up this same idea again in Paris in 1969.) Then another threshold was crossed, with two new proposals: the *Bólides*, which introduced the dimension of the object and an appropriation of mineral and vegetal material; and the *Parangolés* (fig. 8), which are form-color-architecture, animated by the body, referring at once to the banner, the tent, and the constructions of the *favelas*. All this partook of an "environmental program" which, against a background of anti-imperialist revolt, was intended to contribute to the construction of a tropical culture, a "tropicalism." Two new *Penetrables*, exhibited in 1967 in Rio under the name *Tropicália*, gave succinct expression to Oiticica's ambitions. "*Tropicália*," he wrote, "is the very first conscious, objective attempt to impose an obviously Brazilian image upon the current context of the avant-garde and national art manifestations in general." He stressed that it was definitely an "attempt to create a language that would be ours, characteristic of us," a language that could "stand up to the images of international Pop and op, in which a good many of our artists were submerged."

Oiticica also defined *Tropicália* as a "decor" which sums up "the fantastic architecture of the slums" and stages an extremely violent imagery capable of absorbing, in an almost anthropophagic mode, the "accursed European and American influence" to which Brazilian culture had too long been subjected. "Everything began," he wrote, "with the formulation of the *Parangolé* in 1964, with all my experience with the samba, with the discovery of the morros, of the organic architecture of Rio's *favelas* (and consequently of others, such as the *palafitas* [riverside shacks on stilts] of the state of Amazonas), and principally of the spontaneous, anonymous constructions in the great urban centers – the art of the streets, of unfinished things, of vacant lots, etc." Along with Beuys, who in 1965-67 attempted a mythic reconstruction of Eurasia, Hélio Oiticica, on another continent, no doubt gave the most ambitious – the most constructive – definition of arte povera, while eluding any recourse to a mythological universalism that might serve imperialist interests (the kind of universalism that Broodthaers reproached in Beuys). The remarkable thing is that Oiticica, living in a regional culture which was at once narrower and more open, was able to integrate – indeed devour – an overly constructed (or preconstructed) avant-garde culture, which he also had to undo, break apart, in order to reshape it and even reformulate it, right down to its theoretical terms. His compatriot Glauber Rocha had undertaken the same endeavor in cinema, though with less theoretical rigor and perhaps more weakness for grand flights of the imagination (to which, it is true, the cinema can be particularly favorable).

Far from the constructivist ambitions of Oiticica, and in rather less marginal contexts – New York, of course, but also European centers like the Ruhr (near Düsseldorf) and the industrial triangle of North Italy (around Turin) – the projects I had in mind when I referred to a new mannerism were of an entirely different nature. In fact, the expression was suggested to me by the art and writings of Robert Smithson, even if I first applied it, fittingly enough, to painters, and in particular to nonfigurative painters, whose work reveals a distorted echo of what had historically been known as concrete art. In Smithson there is nothing similar, and he never seems to have shown the least interest in an artist like Richard Tuttle (not to mention Palermo, whom he is unlikely to have known). The interest he did in fact show for sixteenth-century Italian mannerism, and probably even more for the historical concept of mannerism, resulted essentially from the image he had formed of minimalism as a kind of postmodernism marked both by the spirit of Pop art and by postindustrial reality. He developed this image in his early works; it is already quite clear in his first text, written in 1965 and devoted to Donald Judd. Smithson remarks: "Just as the Mannerist artists of the Sixteenth Century permuted the facts of the Classic Renaissance, so has Judd permuted the facts of Modern Reality." Two years later, the comparison returns in his ironic portrait of Michael Fried, offered after a reading of "Art and Objecthood": "In a manner worthy of the most fanatical puritan, he provides the art world with a long overdue spectacle – a kind of readymade parody of the war between Renaissance classicism (modernity) versus Manneristic anti-classicism (theater).... Fried has set the critical stage for *manneristic modernism.*"[39]

Smithson's strategy and his humor rest on an incredulity toward everything but "fiction," which, as he once confided, was the only thing in which he could really believe. This "fiction," which is to be understood literally and in all senses, is primarily the art of feigning or imitating, which he saw at work throughout the contemporary environment. For him as for his friend Dan Graham, the utopia of the city brought back to the country and the perfect rationality of standardized housing had been effectively realized in the networks of suburban living units. Where Oiticica saw "spontaneous, anonymous constructions" and a dynamics of the empty or the unfinished ("the art of the streets, of unfinished things, of vacant lots, etc."), Smithson instead perceived an exhaustion of energy, as postulated by the second principle of thermodynamics. While Marcuse viewed "the end of utopia" as holding new possibilities for concrete, timely actions of liberation, what Smithson described was the fulfillment of a negative utopia. Wherever an understanding inclined to objectify itself in formulas of belief, laying down slogans or building up monuments, the work of fiction was to introduce negation. A 1967 text entitled "Ultramoderne," devoted to the art deco buildings of New York, isolates the exemplary, allegorical figure of "a purely negative idealism." The "Thirties" are presented as "a vast *topos*" where all the dreams and images of the modern have crystallized and are frozen as if in a mirror. The International Style had claimed to open up the triumphant path of modernity, but the Ultramoderne suspends history in the atemporal unreality of fiction: "Nothing is new," concludes the text, "neither is anything old."

In 1961, Smithson had taken his *grand tour* of Italy, in the best tradition of Enlightenment sightseeing. But while visiting Rome he read William Burroughs' *Naked Lunch*. The heritage of the Eternal City – the center of Christendom – appeared to him as a "grotesque" accumulation of monuments devoted to outdated rites, a witness to the nightmare of European history. Six years later, however, he repeated the experience in his home town in New Jersey. Published in *Arforum* in 1967, "A Tour of the Monuments of Passaic" transposes the Roman nightmare into the "reverse ruins" (engineering works under construction) of a peripheral region "full of holes." Smithson exuberantly described what the contemporary economist Melvin Weber called the "non-place urban realm." The noncity, without places, which seems constituted of residual spaces, is also a city without memory, whose monuments celebrate the collapse of time in the absence of any prospect of the future. For "the suburbs exist without a rational past and without the 'big events' of history.... Passaic seems full of 'holes' compared to New York City, which seems tightly packed and solid, and those holes are in a sense the monumental vacancies that define, without trying, the memory-traces of an abandoned set of futures." For Smithson, the negative utopia of the suburban noncity fulfilled the entropic destiny of the postmodern monuments he had described the year before, in "Entropy and the New Monuments": "Instead of causing us to remember the past like the old monuments, the new monuments seem to cause us to forget the future. Instead of being made of natural materials, such as marble, granite, or other kinds of rock, the new monuments are made of artificial materials, plastic, chrome, and electric light. They are not built for the ages, but rather against the ages."

The distance between the negative utopia of an artist like Smithson and the "general constructive will" proclaimed by Oiticica is apparent. In "Entropy and the New Monuments," Smithson links Paul Thek's *Technological Reliquaries* to Burroughs' descriptions in *Nova Express;* Thek himself linked them to Sartrean nausea. We are just as far from Oiticica's *Bólides* as from Rauschenberg's "personal fetishes." For the Brazilian artist, the "non-places" of the urban fringe were a terrain of experimentation, analogous to the vacant spaces of Italian neorealist cinema, while for Smithson they represented the burnt-out historical energy of industrial capitalism. Beuys was obviously closer to Oiticica, even if he shared Smithson's interest in the thermodynamic model. Smithson observed a structural parallel between the triumph of the International Style in the "cold glass boxes" of Park Avenue in central Manhattan ("Entropy and the New Monuments") and the endless expansion of standardized living units across the immense periphery of the "spectral suburbs" ("A Museum of Language in the Vicinity of Art"). The myth of progress dissipates into the meanders of fiction. The negative utopia tends toward a generalized atopia, whereas Oiticica, like Beuys, sought to reveal a constructive, utopian path of evolution. The emblematic figure of the labyrinth does not have the same value for the American as for the Brazilian. This imaginary divide is above all political. It is as eloquent as the polemic launched by Broodthaers against Beuys.

Smithson's thinking can be situated within a deep reworking of the art/technology relation inherited from the fifties. In 1967, numerous events attested to the continuing importance of the theme of progress: the light-and-motion installation by GRAV (Groupe de Recherche d'Art Visuel) at the Musée d'Art Moderne de la Ville de Paris; Buckminster Fuller's dome and the technological performance of the German pavilion by Frei Otto at the World's Fair in Montreal; the inauguration of the Center for Advanced Visual Studies in Cambridge (United States), under the direction of Gyorgy Kepes, a disciple of Moholy-Nagy; the creation of EAT (Experiments in Art and Technology) by Rauschenberg and the engineer Billy Kluver, who had already worked with Tinguely. But that should not mask the alteration, indeed the turnabout, in the tendency inaugurated in Paris in 1955 by the exhibition *Le Mouvement* at Galerie Denise René. The Paris exhibition brought together the heirs of a constructivism revised by Marcel Duchamp, encompassing both the exaltation and the derision of the machine. In the early sixties, the first spokesmen of "minimalism" such as Stella and Judd had rejected the European tradition of geometric art, involuntarily caricatured by Vasarely. English Pop art is not technological. In 1965, the exhibition on optical art curated by William Seitz at MOMA was a great popular success, but met with almost unanimous rejection in the art magazines and journals. For those like Oiticica who wanted to set themselves apart from an Americanized "international norm," the Pop conventions would henceforth be inseparable from "op" effects. In Germany, the new Bauhaus which had opened in Ulm in 1955 under the directorship of Max Bill finally closed its doors in 1968, after having served as a handy foil for Italian antidesign (Ettore Sottsass, Andrea Branzi, etc.). In Great Britain in 1960, the architectural historian Reyner Banham (the inventor of New Brutalism) published an historical survey entitled *Theory and Design in the First Machine Age*, a critical reassessment of the modernist utopias. Seven years later, Banham had become the influential exponent of a pragmatism opposed to the aestheticization of the machine. He sang the container's praises and counseled architects to design "almost value-free buildings for almost building-free sites."[40] Similarly, the house was no longer to be conceived as a home but as a "service center." Finally, in California, in the Silicon Valley region, Larry Bell used technology developed by the military industry – a "high vacuum optical machine" – to give a perfect finish to his small glass cubes. But this "finish fetish" remarked by John Coplans was more or less free of any exaltation or derision of the machine. Smithson ranked Bell's cubes among the family of "entropic monuments," alongside Paul Thek's boxes. "Reflections reflect reflections in an excessive but pristine manner," he wrote. The 1968 exhibition *The Machine* at MOMA, organized by Pontus Hulten, sought to orchestrate "the end of the mechanical age" announced in its subtitle. But this swan song – which included EAT, but neither Smithson, Bell, nor any minimalist – above all marks the close of the age of movement which had opened in 1955.

In 1967 the art object was no longer the sign of an historical accumulation bearing witness to the progress of civilization. Walter Benjamin had already remarked: "There is no document of civilization which is not at the same time a document of barbarism."[41] Pistoletto's *Oggetti in meno* used dedramatization to undercut a productive logic tending toward entropic nullification. But his subtractive affirmation long remained a dead letter in an artistic culture dominated by the antinomy of modernism and Pop art, where the only conceivable minus object was the throwaway, the object cast aside after consumption. When it is brought back to the "logic of ordinary, ponderable things" (Greenberg), the art object most commonly distinguishes itself by a surplus of negativity. Placed within public space, it generates an effect of *Unheimlichkeit*, it is "malignant" (Smith), it bears witness to an "evil spell" (Broodthaers) – as though the "modern space" unconsciously invented by Mallarmé was radically heterogeneous to the space of public things. Every place then opens to a nonplace; place dissolves into space, just as the monumental historical center of the modern city was absorbed into the periphery of suburban expansion.

The negative utopia developed by artistic fiction increasingly seemed to correspond to what the psychoanalyst J. B. Pontalis, in a text drafted in 1967, described as "the Freudian utopia."[42] For this author, the introduction of the death drive into the topography (place theory) of the unconscious – in *Beyond the Pleasure Principle* (1920) – allowed Freud to postulate an absolute principle of conflict, Thanatos, in irreducible opposition to the "great synthesizer" which is Eros. This absolute antisynthesis is the basis for the "analytic exigency" (also defined in topographical terms) which contradicts all the boundaries of contemporary knowledge. "Perhaps one should see Freudian thought as the death drive of knowledge," wrote Pontalis. "Let us propose this: it functions as a negative u-topia (non-place) in contemporary culture." In a later text, from 1976,[43] Pontalis rectified his definition of utopia as a nonplace, speaking more rigorously of *atopia*: death-atopia, glimpsed by analysis in its confrontation with "limit cases" but also recognizable in the "necropolises" of technology (Baudrillard, *L'Échange symbolique et la mort*, quoted by Pontalis), as in the entropic monuments described by Smithson. When the *res publica* meets the atopia of what Lacan called "the Freudian thing," the model of progress structuring the narrative of the avant-garde gives way to the negative fiction of a postmodern *roman noir*. The grip of this negative fiction on the definition of the art object tends to deny any possibility of localization: the conquest of space culminates in a dearth of place within an indeterminate space, and in a dispersal of artistic activity. The artist can only resist this entropy by developing "dialectical" prodigies, like Smithson's "non-sites," or by occupying an uninhabited place in the wilderness, as later in land art.

The grip of a negative fiction on the art object has also been understood as the echo of the critical theory developed by the Frankfurt School since the thirties. In its most critical forms – beyond the reflexive autonomy upheld by American-style modernist doctrine – the art which emerged around 1967 was broadly inspired by a refusal of "affirmative culture" as denounced by Herbert Marcuse in particular. This denunciation was linked to a Nietzschean description of the nihilism that results from "the ascetic ideal"; it points back to the historical example of the dadaist revolt against the high values of bourgeois ideology. As Marcuse wrote, "By affirmative culture is meant that culture of the bourgeois epoch which led in the course of its development to the segregation from civilization of the mental and spiritual world as an independent realm of value that is also considered superior to civilization. Its decisive characteristic is the assertion of a universally obligatory, eternally better and more valuable world that must be unconditionally affirmed."[44]

In their radical opposition to the system of affirmative culture, the artists of what Marcuse called the Great Refusal could not easily adhere to the primitivist affirmation of dada: "the most primitive relation to the surrounding reality." They lacked the elementary confidence in an alternative utopia, for utopia had been negatively fulfilled, as atopia. A local definition of the *res publica* anywhere beyond the object implied either hypostatizing a cultural institution which could in some way stabilize or frame the artist's opposition to the "system" (this was the attitude adopted by the Paris group B.M.P.T.) or claiming another belonging, as was the case in Italian arte povera (with the "poor family" evoked by Pistoletto), in the work of Oiticica (with the tropicalist theme, sadly fated to rapid debasement), or in Beuys (with the Eurasian myth). With the affirmation of new belonging, a powerful twist of the geopolitical imagination allows for the foundation of a space pulled free – subtracted – from entropic reduction. But when this imaginary space is lacking, the slide from negative utopia to atopia (the constructed nonplace) appears as ineluctable as entropic destiny.

* * *

The effervescence of art around 1967, at the advent of postmodernism, was the exuberant explosion of a crisis. Its signs could be read in Smithson's black humor and in the lyric venality of Broodthaers' muse; May '68 saw its culmination on a wider stage. A nihilist anti-idealism sought fulfillment by stripping away the facade of the work to reveal the object. But the object wavered between product and thing. Artists are traditionally fabricators of objects; the public dimension of their activity is difficult to conceive in terms of pure relations (whether of action or of communication). Many since Fluxus – and before them, the dadaists – attempted to displace their activity outside the studio, engaging in performances or "actions" (Beuys), encompassing public space and the "public" (the spectators) in a call to presentness, even immediacy (Pistoletto). But this idea of public space is extremely ambiguous – and its ideal definition, seeking to ignore the ambiguity, often appears a pipe-dream. It is easier to go from the object to the thing than from the object to space. Which is also to say: it is difficult for an artist to conceive space without objects. The poet or "man of letters" Broodthaers set out to conquer space by fabricating objects and commercializing products.

Public space as understood by Jurgen Habermas is a modern invention: it is the foundation, against the feudal order, of an uncompleted project of emancipation.[45] But this project, it seems, is increasingly contradicted by the double phenomenon of refeudalization (beginning with increased government intervention in the private sphere of economic activity) and privatization (manifest in the appropriation of skills and services from the public sphere by major multinational corporations). A kind of static works its way into the system, clouding the distinctions between public and private; its effects are further amplified by media propaganda and the grip of normalization techniques on the citizen-consumer. From a quite different viewpoint, public space as conceived by urbanists is a properly spatial matter, designating emplacements where privative use is prohibited (and which are protected by the impersonal nature of the rules that govern their use). But here again, the formal rigor of the urbanist's definition covers a more confused reality. The idea of public space, whether literal or metaphorical, does not long permit us to forget the conflicts of interest which appear in real social life. It was precisely because the public space of metropolitan centers and their institutions (museums, galleries) appeared to be increasingly confiscated by a narrow category of society that artists such as Tony Smith or Hélio Oiticica were led, in very different ways, to propose images of public space that would be at once more inclusive than the bourgeois order (since they integrated the disorder of the fringes) but also fundamentally repulsive to a consumer of the monumental, historical city.

We shall have to re-examine the relations of art and urban projects, art and public space, as they knit themselves together in the late sixties, at the moment of a final triumph of functionalist modernism (which artists like Dan Graham and Robert Smithson observed and tried to exorcise). Before doing this, however, I would like to return to Foucault's lecture on "of other spaces," which, I stress, was delivered before a public of architects. What I mean to explore is how the crisis of modernism which declared itself in 1967 – and of which Michael Fried's antitheatrical polemic was one of the most visible signs in art circles – was primarily a crisis of history, of the historical narrative, and also of a utopian quest for progress which had reached its apogee. The text by Foucault whose introduction I have quoted finds its context in the debate over structuralism which followed the publication of *The Order of Things* in 1966. In Godard's film *La Chinoise*, released in October 1967, a pro-Chinese student girl throws tomatoes at Foucault's book, as a symbol of the negation of history (and of the revolution that is necessarily called for by historical evolution). The polemic had been launched the year before by Sartre, who taxed the structuralist description of *The Order of Things* with establishing separate historical stages, thus rendering it impossible to conceive their linkage, or any dynamics of transformation. Foucault addressed these criticisms several times in 1967. He denounced "a sacralization of history," that is, "a conception of history organized on the model of the narrative, as a great series of events caught up in a hierarchy of determinations: individuals are seized within this totality which stretches far beyond them and treats them as playthings, but of which, at the same time, they are said to be the partly conscious authors."[46]

Recall that the lecture's introduction contrasted the "determined inhabitants of space" to the "pious descendants of time." The image obviously forced the contrast, and so Foucault added: "Actually, structuralism does not entail a denial of time; it does involve a certain manner of dealing with what we call time and what we call history." Thus it becomes clear that he wished above all to demystify history, to disengage the historical narrative from the progress-oriented, teleological, and theological model which is particularly apparent in the Marxist vulgate and its utopia of a postrevolutionary community. The otherness indicated in the title of the lecture, "Of Other Spaces," first concerns the narrative method and the philosophical theory of history. Foucault proposes another history, one which seeks to establish "configurations," that is, sets of relations, rather than linear chains of events governed by a causality which he refuses to accept (since it has no logical existence).

The polemics of the year 1967 – which for Foucault marked "the threshold of structuralism's notoriety" – embroiled this debate over history with the sensational proclamation of "the death of man." Intellectuals shaped by an ethics of political commitment (or more generally, of the subject's historical responsibility) began to denounce structuralism's complicit accord with a technocratic society. For his part, Foucault was commenting specifically on the abuses of a humanist mythology, which he contrasted to the search for an "optimum social functioning." But he effectively risked contributing to a mythology of social engineering. He was conscious of the risk: "I would not like to appear as the promoter of a technocratic humanism, or a kind of humanism that doesn't dare speak its name. It is true that no one is more humanist than the technocrats.... An optimal functioning can be defined internally, without any way of saying 'for whom' it is better that it be so. The technocrats are humanists, technocracy is a form of humanism. Indeed, they consider that they alone hold the deck of cards allowing them to define what 'human happiness' is, and then to create it."[47] It was necessary, therefore, to do away with the humanist utopia, which corresponded to a progress-oriented mythology of history. This is why it was necessary to conceive both another history (other historical narratives) and "other spaces" between the functional emplacements and the utopian nonplace, the region outside time where the ideal of a pacified, homogeneous humanity was supposed to be fulfilled.

In *Madness and Civilization* (1961), which is certainly the prototype of an "other history," since its intent was to give voice, in an historical narrative, to the other of modern reason, Foucault had already sketched out the definition of the "heterotopia" (other space) that he proposed in the 1967 lecture. The heterotopia, like the utopia, sets itself apart from functional emplacements such as those of public space. But it also distinguishes itself from utopia, to the extent that it is localized, situated in reality. A systematic description of the heterotopias, as suggested in the lecture, ought to constitute "a sort of simultaneously mythic and real contestation of the space in which we live." Foucault sought an alternative to utopia, through a wider distribution of the kind of separation from ordinary life effected by the experience of the sacred; his descriptions range from places of enclosure and heterotopias of so-called "deviation" all the way to the enclosure of the cemetery, which is "'the other city,' where each family possesses its dark resting place." A second series, more exotic and nostalgic, regroups gardens, colonies, brothels, and ships. The final image of the ship – "a floating piece of space, a place without place" – sums up the "greatest reserve of the imagination" on which the utopian thinkers have always drawn; it also recalls the ship of fools from *Madness and Civilization*. The otherness of spaces tending toward utopia was initially recognized in the experience and functioning of the mirror: a placeless place, like utopia, which allows me "to see myself there where I am not," but also a heterotopian localization which brings virtual space into real space. "Starting from this gaze that is, as it were, directed towards me, from the ground of this virtual space that is on the other side of the glass, I come back toward myself: I begin again to direct my eyes toward myself and to reconstitute myself there where I am." Thus could heterotopia appear as the experience of a utopian alterity, analogous to the other identity of madness. In this way, it tended to put the utopian nonplace back into the system of relations which defines the identity of modern reason.

In the same year, 1967, Henri Lefèbvre also spoke of heterotopia, notably in *The Right to the City*, where he developed the utopia of "the ephemeral city, the perpetual *œuvre* of the inhabitants," which would fulfill the destiny of art as play.[48] For Lefèbvre, heterotopia was to be distinguished from isotopia, which designates a continuous, homogeneous space governed by functional equivalency. It was precisely an isotopic aim that guided the progress-oriented utopia of the "Athens Charter" urbanists. Their distinction of the three functions (habitation, work, recreation), like their zoning theory and model of the habitation unit built in a uniform series, conformed to a rigorous conception of social engineering. The economic growth experienced by the West after the Second World War and the matching acceleration of urban concentration encouraged the massive application of these principles. The theme of the "conquest of space," given new impetus by the American program of the "New Frontier" in the early sixties, corresponded to an expansionist logic which had not yet suffered the backlash of the recession that came on in the early seventies. In the United States, the fragility of this logic was nonetheless made manifest by the possibility of defeat in Vietnam and by violent race riots. The imaginary figures of a spatial and architectural integration of society were still far from being exhausted. But the utopia of progress, or of functionalism, was breaking apart, blurring, contradicting itself, constantly changing in scale and absorbing heterogeneous parameters.

Here we must recall a few major themes. Since the early projects of "spatial cities" by Yona Friedman, ten years before, so-called "visionary" architecture and urbanism had explicitly developed a utopian interpretation of the megastructural model built up by the generation of Le Corbusier. The conquest of new spaces of life beyond the existing usable surfaces had become an obsessive theme in overcrowded countries like Japan, with Kenzo Tange and the metabolists, or the Netherlands, with the project of an evolving vertical city, *New Babylon,* developed by Constant to organize the nomadization of the world population. Similar orientations can be found in the proposals of the English group Archigram. Constant was a painter; in 1953 he and his compatriot, the architect Aldo van Eyck, had organized an exhibition of "color-space" at the Stedelijk Museum in Amsterdam, accompanied by a manifesto entitled "For an Architectural Colorism," which took up the proposal advanced by Mondrian and De

Stijl for an overcoming of painting in architecture (an idea we have already seen with Oiticica and the neoconcrete movement in Brazil). Although architects by training, the members of Archigram broke resolutely with the realism of architectonic design, privileging instead an urban imagery freed from the actual constraints of construction, just as a game is free from the order of work.

Throughout the decade, strange combinations formed between the most seemingly contradictory interests, such as hippie communitarianism and the exaltation of technological progress, or the ideal city and nomadic mobility (the latter associated with working-class mobility in the theme of the mobile home). The functionalist utopia lost its essential reference to an ideal of progress which had been contradicted by social entropy. Enthusiasm for the technological monumentality of futuristic cities began to wane, and miniaturized computer devices were developed alongside grandiose conceptions of corporate decorum, built in confrontation with public space (or producing their own pseudo-"public space," like the Ford Foundation in New York). In a particularly significant example, the motif of the habitation unit, which had been central in the functionalist projects of standardized housing since the twenties, did not disappear but tended to dissociate itself from the overall city plan and to disrupt its regularity, presenting itself as an "other space" (utopian or heterotopian). Where the elementarism of the twenties – in which the habitation unit was the basic element of urban construction – assumed a static and monumental conception of the metropolitan city despite its recognition of the importance of communication links, the language of Archigram espoused a new imagery of speed and objects in motion, associated with the idea of "survival kits." In 1967, the group projected itself *Beyond Architecture* (the title of an exhibition at the Oxford Museum of Modern Art); Mike Webb designed an autonomous vehicle-habitat, the *Cushicle*, equipped with all the necessary appliances: "It is a completely nomadic unit – and it is fully serviced."[49]

Outstripping the industrial construction inherited from the nineteenth century, which had allowed the utopians of the Modern movement to imagine the ideal city of modern times, the systems engineers were believed to be capable of resolving the most difficult environmental and social problems – after all, they had succeeded in putting manned satellites into orbit. These engineers were the "new utopians" ironically described in 1965 by R. Boguslaw in *The New Utopians: A Study of System Design and Social Change*. Tomás Maldonado included among them the figure of McNamara, one of the principle ideologues responsible for the American intervention in Vietnam.[50] The old utopia of the megastructures had given way to a new ideal of political and social engineering. But at the same time another utopia came to the fore, resonant with primitivist trends and defiantly opposed to the technocracy of "instrumental reason" (denounced by Marcuse and Habermas in the wake of Horkheimer). This was a counterutopia, centered on the figure of the bricolage artist and his *système D*, as distinct from the engineer (an opposition traced by Lévi-Strauss in *The Savage Mind*);[51] its exemplary form appeared in arte povera. But it could also manifest itself among the engineers, in all the activities of design which gave expression to dreams and drew on "the greatest reserve of the imagination" (Foucault) against the uniform horizons of technoeconomic planning. In 1967, at Galleria Sperone in Milan and then at La Bertesca in Genoa – where Pistoletto's *Oggetti in meno* were presented – Ettore Sottsass exhibited large ceramic pieces in the form of totemic columns: *Menhir, Ziggurat, Stupas, Hydrants & Gas Pumps*.

In the United States, the counterutopia manifested itself in the antimonuments imagined by Claes Oldenburg, beginning in 1965: "colossal" monuments, built beyond all ordinary proportions, projecting the nearness and handiness of the domestic object – teddy bear, household utensil, sexual object – into the distance of public space.[52] In 1967 Oldenburg sketched a monument in the form of a clothespin: *Late Submission to the Chicago*

Tribune Architectural Competition of 1922, which parodied the disproportionate size of the Doric column proposed by Adolph Loos for the 1922 competition. The theme of the soft sculpture, of the enlarged and malleable object of daily use (or consumption), underlies most of Oldenburg's projects. The transition from the softened-enlarged object (for exhibition) to the colossal monument is exemplified by *Soft Drainpipe*, a project proposed in Toronto. The liquid element had determined the softened form of the object by metaphorical contagion; now the object began to invade public space. The same year, in *Thames Ball* (a proposal for a colossal monument in the London river), the disproportionate size of a floating ball accomplishes the utopian transformation of the urban landscape into a "condensed spherical form." The antimonument functions as a counterutopia to the extent that it radically alters the institutional monumentality of the urban center. Thus the bricolage artist dreams of intervening on the scale of the metropolitan territory, whose alteration is habitually reserved for the engineers (or to a lesser degree, the successful architectural agencies). Oldenburg's explicit model is Robinson Crusoe: the shipwreck victim, cast on a desert isle to improvise a world of survival. Indeed, since Thomas More the utopian exception has always been defined by an insular autonomy.

One can hardly be surprised that the aspiration to public things in the hands of those who fabricate imaginary (nonfunctional) objects should, like utopia, exceed the measure of public space and tend to privilege the disproportionate scale of empty spaces, residual or peripheral wildernesses (even at the risk of alienating the utopia of the systems engineers). It must be recognized, for example, that as soon as Oldenburg's monuments could actually be built they began to lose their subversive force, as they took their place in a system of decorative and theatrical blandishments. The imaginary realm of bricolage is extremely fragile when it must adapt itself to the logic of a project, and particularly an urban project. The excess of the dream tends to dissipate into the vast horizons of planning and social design. The difficulty stems from the constitutive ambiguity of utopia (which Foucault tried to resolve, or displace, by speaking of heterotopia). Rupture and displacement, on the one hand; suture, closure, homogenization, on the other. Louis Marin emphasized this ambiguity in Thomas More's narrative recounting the foundation of the island named "Utopia": "It is created precisely by an act of violence, the rupture with a continent which More calls 'Abraxa' and which seems to designate, in its name and its characteristics, a homogeneous space, isotopic, formless, and without function. In other words, the first utopian act is to constitute a place, a locality, by violence done to a space, a spatiality. Nonetheless, once the place has been constituted, the utopian (the founding King, Utopos) will make it a space. Organized in a perfectly homogeneous manner, this place will be without places, everywhere beneath the reign of the Same."[53]

Marin's observation underscores the ambiguity of utopia, which can operate both as rupture and as suture. Utopia can be critical to the extent that criticism, a word related to "crisis," is first of all a *decision* that "cuts through" (as indicated by the Latin etymology, *decidere*). As the solution of a crisis, utopia implies an initial decision. In this sense it can share in the critical activity which initially founds "public space," in Habermas's account of its development from the institution of the modern, postfeudal state all the way to the fulfillment of the Enlightenment in the bourgeois constitutional regime. By describing a heterotopian variant of utopia, Foucault attempted to resituate this critical dimension and to diffuse it through the system of functional and imaginary spaces. His 1967 lecture thus provides a legendary substrate to the critical realism that would later characterize the analyses of *Discipline and Punish* (1975). In that book, Foucault maintains that the Enlightenment's dream of transparency – in its opposition to the arbitrary, secret rule of feudal power – contributes to the establishment of a new regime of power founded on surveillance, discipline, and control. The critical utopia is fulfilled in the disciplinary utopia. But what heterotopia made imaginable was the disciplinary utopia's return to its critical precedent: the prison and the asylum were related to the enclosed garden and the ship, in a vast legend of exile, crime, and pleasure.

Following Reinhardt Koselleck (*Critique and Crisis*, 1959), Habermas described the exercise and the institution of a rational critique of power, situating these in the process of the public sphere's autonomization with respect to the State, a process which corresponds to the development of the productive forces of capitalism. The process is reversed when bourgeois public space begins to disintegrate before the mounting power of the social state in the mass democracies. Habermas deplores the manipulation of opinion by media propaganda. He also observes that the bourgeois "ideal" formulated in the concept of humanity has not been able to keep its promises. But in his eyes, this ideal goes beyond bourgeois ideology. It first appears in domestic space and epistolary exchange, when sociality combines with intimacy, when "the public sphere of the *salon*" borders directly on the matrimonial chamber and when private correspondence can be published. Foucault, for his part, does not believe in the reign of opinion, nor in the confrontation of civil society and state power. He proposes another definition of power, less massive, more diffuse: in the era of the modern state, power is the technology of a "disciplinary society" which produces a norm of individuality as a new form of subjection. I quote a famous passage from *Discipline and Punish:* "The individual is no doubt the fictitious atom of an 'ideological' representation of society; but he is also a reality fabricated by this specific technology of power that I have called 'discipline.' We must cease once and for all to describe the effects of power in negative terms: it 'excludes,' it 'represses,' it 'censors,' it 'abstracts,' it 'masks,' it 'conceals.' In fact, power produces; it produces reality; it produces domains of objects and rituals of truth."[54]

In the period around 1967, the gap between Foucault and Habermas (an heir of the Frankfurt School) could not give rise to a debate, nor even less to any attempt at synthesis. Such a debate took form in the eighties, particularly in the United States, in the ambiguous context of postmodernism, split between the necessary critique of an instrumentalized modernism and the trend to neoconservative eclecticism. It was then that the normative position of Habermas, much enlarged since the publication of *The Structural Transformation of the Public Sphere*, could appear as a rampart against the "free-market" ideology which was taking hold in all the administrative spheres of a refeudalized society, especially in the United States. The model of "politically oriented" public space proposed a revision of the modern norms founded on the exercise of critical reason, so that they might resist both cynical amnesia and dogmatic traditionalism, as well as the idea of a dissolution of popular sovereignty in the coexistence of heterogeneous communities. But on the eve of the 1968 revolts, the most influential representative of the Frankfurt School for the student protest movements and the counterculture was obviously Marcuse. Benjamin's thinking, omnipresent today, was then a subject of political debates which were limited to Germany, essentially pitting the Brechtean Marxists against Adorno's circle. Until 1972 Habermas did not enter this debate. When he did, it wass to oppose Benjamin's method to the idea of an "overcoming of culture" advance by Marcuse. Foucault, for his part, ignored the Frankfurt School until the late seventies and seems never to have taken any interest in Benjamin. Many connections which are almost automatic today had not yet been made in the late sixties. The most apparent phenomenon was the diversity of new forms of social criticism and the political commitment of intellectuals beyond the Sartrean model, which seemed to be dissipating into the interdisciplinary network of the social or "human" sciences.

Habermas maintained that with the ideal of humanity, bourgeois ideology bore the utopian seeds of its own overcoming. Indeed, that ideal equated the citizen's unobstructed access to the political public sphere with the attainment of a fully internalized subjectivity. Here one might be tempted to recognize a transposition of the ancient model of citizenship into the capitalist context: this model, supposing free time without the need to labor, was reconstructed by Hannah Arendt in opposition to the Marxist project of a dissolution of the political in the social. I must point out that Arendt followed the same logic in distinguishing the work from the labor process, and, at a lower level, the use-object from the consumer product. One could also evoke the analyses of the Braudelean Marxist Immanuel Wallerstein concerning the aristocratic ideal of the bourgeoisie, which seeks to convert productive capital into a rentier income.[55] Let us recall that the model of autonomy developed by modern art is inseparable from the patronage exercised by this aristocratic bourgeoisie. To the extent that it partook of bourgeois ideology, the Enlightenment's ideal of public space was reserved for owners; this is why Marx proposed what Habermas calls a "socialist countermodel." That countermodel was brought to realization in the twentieth century by the bureaucratic, totalitarian communist regimes, necessarily hostile to the autonomy of modern art. In the democratic regimes, confronted since the mid-nineteenth century with the social demands of the nonowning class, the ideal of the bourgeois public sphere slowly came apart with the onset of the social state, or welfare state; neither could it effectively resist the expansion of mass culture.

Foucault's endeavor was quite different. Beginning with *Madness and Civilization,* he carried out a description of the procedures of rationalization which define the modern treatment of exclusion. On one side, then, to simplify things, there is a critique of domination in view of an emancipation promised and prefigured by the bourgeois ideal of humanity; on the other side are attempts to describe the principle of exclusion masked by this ideal. These attempts are also experiments with other subjectivities, testing the extent to which the subject produced by power can criticize – and bring into crisis – the subjection that defines him. It is logical that Foucault, like Marcuse, should have been more sensitive than Habermas to the alternative experiences and anti-institutional struggles of the counterculture, while consistently refraining from the establishment of any all-encompassing program of emancipation. It is also logical that Foucault's thinking should have found more echoes among the radical artists of the late sixties, at least when they pulled free of a Marxist schema turned toward the collective appropriation of the means of production. The author of *Madness and Civilization* sought to conceive – and thereby to bring into rational language – "limit-experiences" and the "absence of work" in madness, turning against reason the very "decision" whereby madness had been excluded. In this way the historical project itself could become an experience, related to literary and artistic proposals of ecstatic self-overcoming (Bataille) and "depropriation" (Camille Bryen) or "deconditioning" (Dubuffet).

Habermas accepted the most negative descriptions of consumer society, systematically contrasting the degraded present of the culture industry with an idealized past. His long commentary on the "decline of the literary public sphere" came at the very moment when McLuhan published his requiem for "the Gutenberg Galaxy," and he subscribed to Adorno's analyses of the regressive character of jazz. In truth, Habermas had denied himself any possibility of a more nuanced description. He had immediately excluded the popular alternative to bourgeois culture from his field of study: the so-called "plebeian public sphere," whose failure he saw in the defeat of the Chartist movement in Britain. He had also restricted the domain of the constitution of public space to Europe (Great Britain, France, Germany), under the pretext that America had not needed to free itself from an indigenous feudal system. The United States are only considered – and then at great length – in the second half of the book, which treats the disintegration of public space. But these deliberate stances are precisely what interest me, more than their consequences or later rectification. They underline the pregnancy of the Enlightenment heritage in the progress-oriented Marxian critique of the sixties, as well as the difficulty for thinkers of that persuasion to assess the evolution of democracies outside the binary schema of an enlargement or an overcoming of the central model of the bourgeois ideal. I might add that Habermas saw the artistic avant-garde as condemned to the rapid obsolescence of the modern project, or to effects of fashion.

Habermas proposed a rather melancholic recentering of utopia on the bourgeois ideal. By contrast, Foucault, in *The Order of Things*, spoke of the "dispersal" which followed the classical era's organization of representation into a "table" (*tableau*). Lacan had given a new translation of Freud's famous phrase, *Wo Es war, soll Ich werden: Là où c'était, je dois advenir* (Where it was, I must come to be).[56] But this possibility of psychic integration could not proceed as a rationalization. Against the grain of the Marxist principle of social integration, Foucault emphasized the underlying divisions of the rationally instituted order, which redouble the difficulties of psychic integration. Rather than proposing a new mode of social integration, he chose to accentuate the ruptures and dispersal, in the same way that pathological experiences can sometimes be transformed into artistic projects, as in the writing of Raymond Roussel (whom, I recall in passing, was an example for Duchamp). Recentering in the case of Habermas, dispersal for Foucault: the two critics of modern rationalization began from opposite premises. The two philosopher-historians proposed two differing conceptions of space. But everything suggests that the search for a "normative concept of public space" through the redefinition of popular sovereignty cannot ignore Foucault's objections to an all-encompassing project centered on an ideal of emancipation.

These two different conceptions of space both sought to situate a modern production of subjectivity outside the schema of alienation-liberation. The project is explicit in Foucault. For his part, Habermas spatializes an historical model of the dialectical relation of public and private, by describing the floor-plan of the bourgeois interior. But I find it significant that the last remarks of the 1990 preface to the *The Structural Transformation of the Public Sphere* discuss a work entitled *No Sense of Place*, whose author, J. Meyrowitz, erroneously compares the breakdown of "social barriers" in the era of electronic information to the weakness of a "sense of place" in hunter-and-gatherer societies and in nomadic tribes. This theme of the loss of place, associated with nomadism, was very much present in the sixties, as I have already noted. Any alternative to the bourgeois model of a public-private dualism and to the corresponding structure of the state was always formulated, at one point or another, in terms of space and territory and in a place-space relation (which itself was continually displaced). Simultaneously, a critical anthropology began using references to so-called primitive societies as a way of questioning the grand paradigm of productive accumulation-standardization-consumption: society against the state (Pierre Clastres) and a society of abundance without accumulation (Marshall Sahlins).

The alternative to a bourgeois capitalist system is not necessarily situated in a utopian distance but in what could literally be called another historical space. In my opinion, the passionate and often naive definition of this other space characterizes the common orientation of art and critical anthropology in the sixties. Heterotopia displaced public space and the ideological debate to the fringes of Western rationality. That is manifest in the Brazilians, Oiticica and Rocha. In Europe from the forties to the early sixties, Italian neorealist cinema – from Rossellini's *Roma, città aperta* (1945) to Pasolini's *Accattone* (1961) – produced a fable of the urban fringes, related historically to the imaginary figures of the Parisian "zone" and its vacant expanses but actually much closer to the realities of the Third World and the ex-colonies. In 1967, after a sociological essay on the new suburbs where the great apartment complexes had replaced the shanty towns (*2 ou 3 choses que je sais d'elle*), Godard created *Week-end:* a carnivalesque film, "silly and mean" like the satiric magazine *Hara-kiri*, but also "an ethnographer's film of an imaginary world." As a militant for Third-World liberation struggles in cinematography, Godard's excesses brought him close to the ritual and irrational theatricality of the happening and the Living Theater (which he admired in the film created with Bernardo Bertolucci, *Il fico infruttuoso*), and to Glauber Rocha, in the lineage of Buñuel's anarchy.

In the domain of architecture, more directly concerned with space and closer to the arts of the object, an important figure for my study is the Dutchman Aldo van Eyck, whose collaboration with the painter Constant I have already mentioned. In the fifties, Van Eyck could be counted with Alison and Peter Smithson among the dissenting voices inside the Modern movement, which had frozen into an overly rigid functionalist program. From this time onward, he began to be interested in other, non-Western architecture, that of Dogon villages and Pueblos. Van Eyck was not looking for an exotic rupture with rationality. What he found in the Dogon villages was a model of an integrated urban and psychological system, an identification of the house and the village through the differential experience of each of the inhabitants, in a network of multiple affinities and localizations. He relates the testimony of the ethnographer Fritz Morgenthaler: to show his nearby house, one of his hosts walked him through the entire village to visit various other houses, occupied by relatives, before bringing him finally to the dwelling in which he personally lived. Van Eyck comments that "it would be wrong to suggest that only an all-encompassing framework can condition the kind of multi-located attachment (web of emotional place-affinity) which is required before one can really say: my house is my village (city), my village (city) is my house…. The emotional identification of the house and village (city) need not of course depend on such collectively conditioned place-attachment, but the idea as such stands out clearly enough." Thus the model is distinct from the collectivist utopias. Van Eyck adds: "The house-like city with city-like houses (buildings), gratifyingly comprehensible and chaotic; homogeneous and kaleidoscopic at the same time (I call this labyrinthian clarity)."[57] This clarity of the Dogon labyrinth evokes the errancy and grace of the great film by Jacques Tati, *Playtime*, from 1967. Triggering catastrophes as usual, and struggling with the opacity of some vague administration, the character Hulot is the agent of a chaos that transfigures the disorienting decor of the hypermodern city into a ephemeral theater which is also a fabulous terrain of affinities.

What is remarkable about the model elaborated by Aldo van Eyck, in the context of sixties counterculture, is that it cannot be reduced to an imaginary figure of community opposed to the individualism and the cool impersonality of modern society. Van Eyck attempts to elude the opposition of society and community, which weighs particularly heavy in German cultural history and in the German language (with the obsessive *Gesellschaft-Gemeinschaft* antinomy). The Dogon village is a local reality and a model for the contemporary Western city. It is not the exotic image of a stable cultural order, radically distinct and protected from the entropic dynamic of the industrial societies. It is an intelligible system and a chaos, offering a defined and variable territory for the procedures of psychic integration. And yet one still finds in this description the figure of the oxymoron ("labyrinthian clarity") which, since romanticism, has often allowed for a conciliation of the irreconcilable and a resolution of contradictions by the magic of poetic speech. The normative homology of house and city is adopted from the Renaissance architect Leon Battista Alberti, but invested with a value of complexity opposed to the functionalist model of isotropic space. At bottom, Van Eyck's text is not an objective testimony, even if he does take inspiration from an ethnographer's study; rather, it is a fiction that plays with the antinomies and "abstract antonyms" of Western discourse.

The text seeks to produce the idea of an "other space" coextensive with a community linked together by "a culture which is not negatively indeterminate but positively so, because it strives primarily to stimulate the personal self-realization of the individual according to his personal idea." Like Foucault, Van Eyck attempts to define a nonutopian other space: a hybrid of observed facts and imagination, an extrapolation-fiction, without totalitarian intent. He seeks above all to undo the public-private opposition on which bourgeois society and its state have been erected since the eighteenth century, but without losing the gains of individualism, since he emphasizes that the identification of the house with the village does not necessarily prevent the house from changing owners (even if that is the case among the Dogon). This model designates intimacy as the necessary condition of psychic and social integration, locating it both before and beyond the private sphere, or better yet, outside the public-private dialectic altogether (since the latter merely transposes into the political realm the abstraction of bourgeois law denounced by the Marxists). This intimacy can only be territorial in extension, if it is not to mark an inegalitarian and antipolitical retreat into what Hannah Arendt called the privative sphere. In no way can it be reduced to a sense of fusional belonging within a totalitarian collective or to the eclectic effects of a preprogrammed distribution of differences. Because he was conscious of both risks, Van Eyck imagined a positively indeterminate culture: that is, a social order constituted of a permanent invention of differences (the famous "labyrinthian clarity").

Thus far I have spoken of space and place. Territory is a geographic and an ethological notion. With it appears an interaction and an extreme tension: on the one hand, the organization, administration, and control of economic exchanges and of populations (what Foucault calls "biopower"); and on the other, the subjective appropriation of an environment and of an area of individual or collective mobility (as in arte povera's treatment of the *ambiente*). In the late sixties, the tension became particularly apparent in the architectural milieu, as more and more architects understood that their discipline had been taken hostage by the technocrats and the engineers (the ones who decide on the improvements to the territory and who organize the development of the communications networks). A reassessment of the autonomy of the architectural discipline began to emerge, against a background of urban geography and, more broadly, of the social sciences; this trend was particularly apparent in Italy, where it is attested in 1966 by Aldo Rossi's work *The Architecture of the City*, or somewhat more severely, by Giorgio Grassi's *La costruzione logica dell'architettura*, in 1967. Van Eyck obviously tended to privilege the environmental and subjective dimension of the urban territory, as a network of "multilocated attachments," with the regret that industrial society has come to be "impervious to the spirit of ecology." He quoted a letter from Morgenthaler: "[T]he Dogon feels well and happy only when he is in Dogonland, in the region within which his village lies amongst the other villages. However, it is probably true that his village, within the region and country where it lies, belongs also to the 'entire world order' and that it can be replaced by means of corresponding experiences. He will thus not merely feel himself at home in his village among other villages, in the region and country to which it belongs, but will actually *be* there when he recounts a fable to a fellow Dogon in foreign territory." The territory, then, is not a strictly geographical datum but a relational space of belonging; it is the shared space of narrative, built up around the storyteller – the exemplary figure of the traditional, premedia experience described by Walter Benjamin.

The Modern movement produced a general conception of space, removed both from local conditions and from a cumbrously eclectic vocabulary. This conception rested on the primacy of mobility and displacement (which could well be written "displacement"). "Architecture," said Le Corbusier, "is circulation." The modern metropolis was therefore equipped to satisfy the new demands of communication, linked to the acceleration of economic exchanges. Among the members of Team X, Van Eyck was the one who tried to withdraw the primacy of mobility from the functionalist and quantitative organizational schema to which the invention of modern space had been reduced. Transportation, for him, was but one aspect of communication, which itself was but an aspect of mobility, a mobility irreducible to urban life since it was constitutive of human association in general. It was through a recognition of the subjective and narrative tenor of this mobility that Michel de Certeau was later able to establish, or reformulate, the place-space distinction which artists such as Carl Andre, Beuys, and Fabro had interpreted in phenomenological terms. Van Eyck, following on the two theorists of heterotopia, Foucault and Lefèbvre, leads me to this other interpretation, proposed by Michel de Certeau: "A place is the order (of whatever kind) in accord with which elements are distributed in relationships of coexistence. It thus excludes the possibility of two things being in the same location. The law of the 'proper' rules in the place: the elements taken into consideration are *beside* one another, each situated in its own 'proper' and distinct location, a location it defines. A place is thus an instantaneous configuration of positions. It implies an indication of stability. A *space* exists when one takes into account vectors of direction, velocities, and time variables. Thus space is composed of intersections of mobile elements. It is in a sense actuated by the ensemble of movements deployed within it…. In short, *space is a practiced place.* Thus the street geometrically defined by urban planning is transformed into a space by walkers."[58]

The spaces-places distinction, completed by the tour-map distinction, allowed Michel de Certeau to describe the "spatial stories" which constitute the appropriation of an urban territory by its inhabitants, privileging the tour over any description or analysis of the places. The utopia of an isotopic space of mobility, as developed by the theorists and planners of functionalistic urbanism, is a negation of these spatial stories as well as a fixation of the tour spaces into a network conforming to the order of the place. One might say that the modern utopia had simply relayed the baroque ideal and its fulfillment in Paris by Haussmann. The idea of an urban mobility fixed into a total (or global) representation for the greater glory of the sovereign was prolonged in the late sixties by grand gestures of urban planning decreed or at least endorsed by heads of state, those often abusive representatives of popular sovereignty, reincarnations of the founding King Utopus. In this context, territory-mobility-narrative formed the paradigm of an alternative, heterotopian subjective mobility, distinct from the figure of the consumer or the conqueror of space: distinct from the image of a common and impersonal subjectivity that Warhol sought to incarnate.

* * *

By attempting to work like a machine, Warhol had set himself a discipline which may also be understood as a challenge. Many American artists of the early sixties refused the subjectivism of late abstract expressionism (Tenth Street). They aimed instead for an impersonality conceived as both an ascetic practice and a self-evident formal structure. In Pop circles, the ascetic reduction went along with an insistent reference to the "common" object, the fetish commodity of a consumer community. This ascetic practice contrasts with the primitivist intimacy of the "personal fetishes" produced by Rauschenberg in Europe, before his proto-Pop period. Similarly, the grotesque quality of Oldenburg's work brings an idiosyncratic, antipuritan excess to the ordinary object, as in the program of cultural deconditioning advocated by Dubuffet. But Warhol established a new norm. He drew the consequences from the dissolution of the European bourgeois model in American culture. He abolished the private-public dialectic and eliminated all the nuances of a pictorial tradition which, since romanticism, had been split between heroic adventure and withdrawal into intimacy. Reaching beyond the bricolage artists (Rauschenberg, Oldenburg, etc.) with his claim to a hyper-Taylorist discipline, Warhol fixed the indifferent norm of a common intimacy with no possible withdrawal, exceeding the dream of transparency inherited from the Enlightenment. In Europe, the most coherent pictorial responses came from German artists, Richter and Polke, who brought romantic references back into the treatment of media stereotypes. But Richter would increasingly claim the position of a bourgeois painter in the avant-garde, whereas Warhol had thrust aside these two historical parameters.

Returning to the conceptual framework of this essay (the art object and the question of extrapictorial space), we can see that the norm of objecthood established by the minimalists left little room for an experience of intimacy. Recently Vito Acconci has explained his early performances as the (Oedipal) refusal of minimalist dogma, leading him to a necessary reversal of orientation. Minimalism, he remarks, had effectively enlarged the field of art; since Smithson it had become centrifugal, directed toward an outside. But "it could have come from anywhere, it was there as if from all time, it was like the black monolith in *2001*."[59] Its disadvantage was to impose on the viewer an attitude of devoted respect; therefore one had to turn back from the outside toward the "source" of making. This source was "the doer," and the doer had to expose himself. The late sixties saw the return, in a less heroic mode, of an ideology of risk which had marked the fifties. In 1967, after its crude consecration in the exhibition *Primary Structures* a year before and then its condemnation by Fried, minimalism appeared above all as a kind of heretical hypermodernism. While Judd made ready to enter orthodoxy, while Smithson played the devil's advocate and sought to regroup all possible heresies, other positions farther from the center of modernism had already appeared, as Lucy Lippard indicated with the exhibition *Eccentric Abstraction*, organized in 1966. In New York there was Eva Hesse, encouraged by Sol LeWitt; and far from New York, in California, there was Bruce Nauman, who would create a kind of synthesis between a neo-dadaist irony of Duchampian inspiration, summed up by Jasper Johns, and the rather mystical humor that characterized the West Coast.

The grace that Michael Fried imagined residing in some ideal inaccessible to this lower world corrupted by theater was attained by them: Eva Hesse at the edge of a vertiginous abyss, Nauman in a state of idleness (*désœuvrement*) at the center of an almost empty studio, like Samuel Beckett's depopulated atopias. Eva Hesse's objects had the qualities of drawing and of nonsense (or in her terms, "the absurd"). Nauman's distanced *pathos* deployed all the intimate fantasies to which the inflexible law of gravitation could give rise: from the photographic demonstration of 1966, *Failing to Levitate in the Studio*, to the filmic test, or trial, of 1967-68, *Playing a Note on the Violin While I Walk Around the Studio*, by way of the imaginary conquest of space in *My Name As Though It Were Written on the Surface of the Moon*, in 1967. One could point to affinities between these and a surrealist trend long since discredited in New York, but which survived in the work of Louise Bourgeois, or with H.C. Westermann and the extraordinary funk ceramics of Kenneth Price and Robert Arneson in California (Louise Bourgeois, Westermann, and Price were in fact represented in *Eccentric Abstraction*). In the wake of Peter Voulkos, the ceramists recalled the expressive potentials of the craft object, in contradiction to minimalism. Since the late fifties, Westermann had developed a grotesque imagery laden with autobiographic echoes, which sums up the somber and satirical penchant of funk art. But all these objects were clearly irreducible to the Pop and minimalist norms (as well as to European models);

and the opening proposed by Lucy Lippard could not overcome the historicist recentering on a pseudo-postminimalism. Westermann had nonetheless managed to draw from the "reservoir of imagination" that nourished the experiments of Ettore Sottsass and Italian antidesign.

Outside this network of affinities, Eva Hesse and Nauman had thrust themselves into a space of experience irreducible to objects. What appeared in their art, through the objects they produced, was not so much an imaginary register as the intimate repossession of formal and typological structures: relations of interior and exterior, high and low, in their physiological, organic, and psychic tenor. Never in the plastic arts, outside painting and representation, has grace been so concretely deduced from gravity and fluidity of forms so closely associated with heaviness of materials. This experience had formerly been reserved for dance, from which Nauman drew his inspiration for the filmed performances. Today, however, the notion of antiform advanced by Morris still covers this field of experience with a theoretical veil. The theoretical imagination was illustrated by a figure of dispersal, in the work of Morris himself, Barry LeVa, Alan Saret, and many others, to which one may prefer a more eccentric imagery. Entropy, associated with chaos, rapidly became a formalist convention. But Beuys made no mistake. He had situated entropy in the evolutionary shaping of a "social sculpture." In 1969, after having participated in the exhibition *When Attitudes Become Form*, he confided to Willoughby Sharp in an interview for *Artforum* that the American artist to whom he felt closest was Nauman (though he had known Morris in Düsseldorf as early as 1964).[60]

The Americanized internationalism of the sixties vanguards should not hide the play of syncretisms and antagonisms which divides an apparent trans-Atlantic convergence. The meeting of arte povera and "postminimalism" in 1969 might appear as the great moment of post-Pop internationalism. But Beuys could not join in this reconciliation. Pistoletto's *Oggetti in meno* – which have never been taken seriously by American criticism – challenged the minimalist norm in advance, and the community of a "poor family" was a way for the Turin-based artist to set himself definitively apart from the Pop art with which he had been associated, just as Broodthaers had set himself apart by rediscovering Magritte. In the Italian artist as in the Belgian, an extrapictorial response to Pop also holds against minimalism. In 1968, Broodthaers maintained: "The language of forms must reunite with that of words. There are no 'Primary Structures.'" Eva Hesse, for her part, was born in Hamburg and had lived near Düsseldorf in 1964-65, where she had discovered the activities of the Zero Group and of Fluxus. Her presence in minimalist circles has long covered up obvious parallels with Beuys, Uecker, and even the expressionist Gerhard Hoehme. What she created in 1967 was an unprecedented conjunction between European *informel*, the elementarism of the Zero Group, and the postgeometric systematics that runs through minimalism. Such a conjunction of differing currents cannot be reduced to a simple hybrid of a surrealist-type organic imagination and a geometry revised by phenomenology or structuralism. But it is true that the antinomy between geometric or mechanical ideality and organic or biomorphic fantasy has weighed heavily in art, ever since the twenties.

Broodthaers had heard the teaching of Lacan. His strength was to remember that language is neither mechanical nor organic; that the "symbolic," in its distinction from the imaginary, is not a reservoir of universal symbols but a way to build up a critical collection of historical symbols (as he did with the foundation of the *Musée d'Art Moderne, Département des Aigles*, in 1968); and finally, that the writing of the subject in the unconscious implies the rebus and the enigma (*Le Corbeau et le Renard*, 1967-68) (fig. 9). The integration of language to the plastic arts is certainly not an invention of the sixties; here again, these things go back to dada (Hausmann, Schwitters), and before dada, to the spatialization of language in Mallarmé. The artistic utopias in the twenties were inseparable from linguistic, poetic, and typographical experimentation, whose stakes had been expressed in a line by Tristan Tzara: "Language is a utopia" ("Dada manifeste sur l'amour faible et l'amour amer," 1920). Artaud was a key reference for experimental poets and stage directors alike in the sixties, because he had proposed "changing the destination of speech in theater," "using it in a concrete and spatial sense," giving it "a visual and plastic materialization" (*The Theater of Cruelty*).

Even before the conceptual generation, many artists had first and foremost been poets. The anthology of concrete poetry edited by Emmet Williams and published in 1967 by Dick Higgins – two important actors in Fluxus – bears witness to a international typopoetic movement which initially came together in the fifties, between German-speaking Europe (around Eugen Gomringer) and Brazil (with the De Campos brothers). In France, the poets' concretism sought increasingly to be "spatialist," mixing the utopia of a supranational linguistic community with imaginary figures of cosmic integration. The exhibition *Lumière et Mouvement* by GRAV made 1967 the year of a spatialist synthesis between concrete poetry and kinetic environments. But I have already noted the extent to which an ideology of progress limited the imaginary of movement. Inclusive though it was, the American anthology remained equally limited. Raymond Hains was not present, despite the "shattered letters" he had been creating since his *Hépérile éclaté* (fig. 10) in 1953, based on a phonetic poem by Camille Bryen.[61] Öyvind Fahlström was given very scant space, even though he had published the first manifesto of concrete poetry in Stockholm in 1953, as Emmet Williams recognized in the preface. For Hains and Fahlström did not refer to the great example of Mallarmé upheld by the Brazilians, Haroldo and Augusto de Campos; they were closer to surrealism and had no links to the tradition of geometric concrete art, unlike the Swiss and the Germans; and finally, they had not participated in

Fluxus (or only very little, in Fahlström's case). Retrospectively, it is they who best represent the extension of a concrete treatment of language in the era of the pop object, before Broodthaers transposed the model of Mallarmé into that same context.

Hépérile éclaté was, for Camille Bryen, *le premier poème à délire* (the first "delirious" poem, to be "unread"). Distinct from the spatialist imaginary, Raymond Hains' de-lyrics, launched beneath the sign of the "ultra-letter," was not an art of process opposed to the object, which would become the vulgate of protests against consumer society and commodity fetishism in the late sixties. Instead it was related to the dynamic of the "trans-object," to recall the term proposed by Oiticica for his *Bólides*. The same delirium crops up again in the enigmatic art of the "man of letters" who shattered a fable by La Fontaine. Broodthaers had understood that the conquest of space by the object denied the utopia of language. But his antipoetic "insincerity" was necessary, for it allowed him to displace the Mallarmean model of the expansion of the letter into the vulgar language of the commodity. Unlike the slogan of May '68, *Cache-toi, objet!*, plastic and cinematographic poetry does not occult the object, but integrates it to the play of typographic language over the picture-screen. The object had to be taken into account, before it could recount another tale. Faced with the ideologies of planetary community, whether in Warhol (the indifference of the universal consumer), McLuhan (the global village of hypermedia communication), or all the variants of spatialism, Broodthaers exhibited the *système D* of a shattered fable. Bryen's phoneticism was already a revolt against hypercommunication: "We are saturated with communiqués, books, humanism. / Long blow the breeze of the illegible, the unintelligible, the open!" To wage the same struggle, Broodthaers chose the enigma. A fable of the ruse transformed into a cryptic tomb of the painter (Magritte), and a diversion, through the ruse, of the evil spell of the book's closure: the tale brings the dispersal of things together in a *tableau* of words. "The enigmatic aspect of artworks is their fragmentary character," remarked Adorno. "If transcendence were really present in them, they would be mysteries, not enigmas; they are enigmas because they deny, as fragments, what they nonetheless wish to be. It is only in the recent past, in the damaged parables of Kafka, that this idea has become an artistic theme. But retrospectively we can see that all works of art look like those puny allegories one finds in cemeteries, those broken steles."[62]

The painter and the architect are absent. Lost in the past, forgotten, like their figures and decor. According to the Horatian rule of *ut pictura poesis*, the poet is linked to the painter, who himself depends on the architect for his decors. Thus the poet cannot evoke the figures. The crow and the fox will receive no other existence than that of "printed characters," for the painter-poet and the architect-decorator have both been absorbed by Broodthaers' fiction: the first "all-colors" and the second "in stone," like a picture by Magritte. All that results from the *système D*. The bricoleur's ruse recalls the rhetoric of the sophists, practiced in the classical agora where the crowd of citizens gathered to debate over public things. Hence the appearance of the dog who joins La Fontaine's two animals, to figure the disparate crowd in multicolored characters. The dog introduces a typographic polychromy into the democratic *système D*. No doubt this system is the written law of the human comedy; but it starts to rain, it's a dog's day, the system clouds over. The crow and the fox can ring, they will find no place in the poet's memory. Yet the *système D* still works despite the cloudy politics, for it produces a crowd of relations and a shower of signs.

Broodthaers' literalism is symbolic. In orthodox Lacanian terms, the symbolic demands unshackling from the imaginary, the inscription of the name of the father. It is not the affirmation of a literal reality stripped of all metaphorical trappings, as sought by the so-called "minimal" artists. It is not a radicalism of perception but an acceptance of the symbolic in rhetorical and typographical play, with all the spelling errors and slips of meaning that result. In other words, there is no direct access to the *res publica*, for there is no resolution of the separation in an ideal space. Dispersal contradicts any gathering in the agora. The *système D* may be democratic. It has above all to do with a mythopoetic bricolage (Lévi-Strauss), when improvisation must take account of the abstract system of exchange and renounce any fulfillment of the work. For many artists, the transition from the work – and particularly the *tableau* – to the object was accompanied by an opening to things, to the environment, often in a movement of protest. Protest against separation and the spectacle (Debord); protest against the object itself, sometimes in parallel to political struggle; protest against ethnic and social discrimination, against imperialism.

Protest was expressed in the streets, on city walls, and rarely in museums. But it must again be said that in this respect, theater, dance, and of course cinema, not to mention literature, were more effective than the plastic arts. Broodthaers' art is not protest but critique. It situates itself in the field of production; better yet, it produces, in the French sense whereby an actor *se produit* (steps out, appears) in public, and in the sense whereby disciplinary power, according to Foucault, produces a subjectivity centered on a controlled intimacy. And this production is fictive, as in Smithson's work: every product is divided by the fictive system that "packages" it and cuts through it. This production offers simulacra where one might expect reality (objects in a real space or on the stage of perception). But that is not enough; Warhol also produced simulacra. In 1967 Broodthaers was elsewhere; he had projected himself, thanks to cinema, into the space of what Mallarmé called "fiction." He understood that the new norm of the spectacle is a generalized aesthetics, with the triumph of advertising as the medium of integration for a community of consumers – a more expansionist medium than any form of art.

Alongside the model of alternative theater, which supported artistic activities privileging action and process over the object, and alongside a social phenomenology of the "trans-object" (Oiticica), Broodthaers conceived the heterotopia of the exhibition as a mental theatricality, a spatialized fiction beyond Pop, including the pop or vernacular object in a network of literal relations (the vernacular itself being a primarily linguistic category). This network can be related to a play of narrative elements, as in the work of Raymond Hains or Öyvind Fahlström, or some of the artists presented under the label of "individual mythologies." But above all it activates the historical potential of a subjectivity on which the individualist norm, of bourgeois origin and often imbued with primitivist values, has no more grasp than the Warholian norm deduced from the common object. Although a communist, Broodthaers bore witness as an artist-man of letters that there is no solution, no resolution of spectacular separation. Yet he was not satisfied with an antipositivist critical negativity. Without any promise of reconciliation "somewhere else," utopia could be produced as a rupture, through the passage from art objects to public things.

But these "things" – which the Latins called *res publica* – are still unnamed. Can one speak of democracy? I have avoided the question, or too quickly supposed a negative response. The word itself does not appear in the shattered fable. The mention of the agora may above all evoke the imaginary figure of the ideal city, which architects in charge of concocting a pseudo-public space were already fond of cultivating in the hope to humanize mass city-planning. The *système D*, deduced from the poet's disseminated name, is a technique of the ruse (of bricolage) more than it is a political system. Faced with the ills of power, symbolized by the crow (in La Fontaine and Mallarmé), poetic ruse is more effective than democracy, or at least, than democracy under the cloudy skies of the late sixties. During the Enlightenment, a new relation of critical art and politics had crystallized in the idea of the Republic of Letters, whose heir in France was the man of letters, until the last gasp, in the late sixties, of the literary model that had prevailed under the Third Republic. By proclaiming its respect for the authority of the absolutist state even while asserting its own autonomy, the Republic of Letters produced the initial transfer of sovereignty that founded what Reinhardt Koselleck calls the "reign of critique."[63] But Broodthaers understood the idea literally, *au pied de la lettre*, as constituting a *res publica* of letters (through a transformation of the art object). The political signified is dispersed, if not lost, in the play of the poetic signifier. We could return to the allegorical reading and say that the democratic crowd (the multicolored dogs of the agora) clouds the confrontation between political power and the ruse. But are the stakes still the people's access to sovereignty (assuming that is the direction indicated by La Fontaine's fable)? The principle of popular sovereignty no doubt remains a "normative concept of public space," as Habermas believes; but it is also, as Foucault points out, the mask for a new system of control. The *système D* is an antisystem, more Foucaultian and heterotopian than Habermasian. What remains for Broodthaers – who actualizes Poe, Baudelaire, and Mallarmé by replaying La Fontaine's fable – is the melancholy shadow of sovereignty as the stakes of power, between the baleful bird and the cunning fox.

Since his first exhibition, Broodthaers knew full well that the art object, deposed from the status of work and reduced to a product, could not represent the *res publica*. It could not incarnate any political value, since it had itself become a value, an exchange value. The melancholia of the man of letters is a mourning for the use-value of the *res poetica*. The Republic of Letters sought to shake off that melancholy by asserting the powers of rhetoric; so doing, it only made the situation worse, provoking the long romantic revolt. In *The Human Condition* (1958), Hannah Arendt formulated an exigency of political life which restored an "exemplary value" – more than a use-value – to the work, as a "thought thing," a principle of permanence opposed to the model of consumption. Broodthaers, for his part, took the stance of insincerity by putting the unsold copies of *Pense-Bête* up for sale, in the form of an object sealed in plaster. He did so after realizing that he had lost his halo, like Baudelaire, and he did so in order to signify that loss. The diversion (*détournement*) of poetry fulfilled the poet's claim to an exhibition value for his work, a claim inaugurated, in Benjamin's reading, by Baudelaire. But this was also a way to turn the tables. The ruse betrayed its melancholy. It was a double betrayal: the play of language betrayed its poetic sincerity but also the melancholy destiny of the ill-starred poet. And this would be replayed, in a supplemental turnabout, by the shattered allegory of the fable: the commercial occultation of poetry in the art object had buried the enigma, which now reappeared in the light of cinematic projection, in the form of a rebus. The melancholy is once again "betrayed," but this time it is divulged in its enigmatic revelation. The poet is finally dethroned, his destitution fulfilled – as Nietzsche sought the fulfillment of nihilism – when the sovereignty of the Man of Letters is exhibited and dispersed in the play of letters. By accepting that popular sovereignty be reduced to the possibility for every citizen-consumer to attain, like him, a few minutes of media glory, Warhol seemed to have fulfilled nihilism with no lingering remains. These remains, on the contrary, are what appear in Broodthaers' art, as the fragments of a dispersed fable, grouped together paradoxically and projected on a picture-screen. Melancholic sovereignty (the monarch's gloom, the spleen of power), which had marked poetry from Baudelaire and Nerval to Mallarmé, is betrayed by the integration of the Warholian norm; but it persists in the state of traces.

Of course, Broodthaers was not Oiticica; his thought was not constructive, no more than Warhol's. He held to the negative thinking of the late sixties, opposed to the constructive model of the historical avant-gardes. He had neither an ethical norm nor an ideal of citizenship which he could oppose to Warhol. What he did have, as I would now like to stress, is a poetics of the subject, that is, a practice of symbolic mobility, taken up from the book and the fiction of Mallarmé, which could actualize the shattered text of sovereignty and of the ruse. While Warhol sought to integrate artistic activity to media production and to the enchantment of the commodity, Broodthaers used other means to pursue the project of Mallarmé's book, which was already to be a response to the challenge of the printed paper, "to the breadth, in our hands, of the newspaper's vast or hasty page" (*As to the Book*). If all mobility implies a space, the space which Broodthaers ironically undertook to conquer is as much or more "the intimacy of chance" that Maurice Blanchot evoked in *The Space of Literature* (in a discussion of the sovereign and dramatic experience of *Igitur*) than the common and commonly dramatic intimacy of Warhol, deployed against the background of democracy's simulacrum.

Blanchot again comments on Mallarmé, in *Le Livre à venir*: "Poetic space, the source and 'result' of language, never *is* in the manner of a thing; rather, it always 'spaces and disseminates itself.'"[64] The exercises in "deconstruction" proposed by Jacques Derrida in 1967, in *Writing and Difference* and *Of Grammatology*, associate the ruse and sovereignty (a theme received from Bataille, himself a reader of Nietzsche) with "the advent of play": "The advent of writing is the advent of this play; today such a play is coming into its own, effacing the limit starting from which one had thought to regulate the circulation of signs, drawing along with it all the reassuring signifieds, reducing all the strongholds, all the out-of-bounds shelters that watched over the field of language."[65] Derrida spoke of an "overwhelming" that "supervenes at the moment when the extension of the concept of language effaces all its limits." One almost hears the surrealists' program of the subversion-submersion of literature by a flood-tide of automatic writing, except that the play of deconstruction sought to be a "careful and thorough discourse," forewarned of all the traps of a system of the sign endlessly returning in its very closure. As in the work of Samuel Beckett, the prisoner of the sign can only glimpse a "glimmer beyond the closure."[66] Thus the mythopoetic bricolage described by Lévi-Strauss in *The Savage Mind* pointed toward the gleam emitted from an empty center, indicating the absence of any origin of myth – carried away in a play of infinite substitution – and recognizing that every cosmological system needs a "floating signifier." The function of the latter is "to be opposed to the absence of signification, without entailing by itself any particular signification." Thus it can absorb the "surplus of signification" that man always has at his disposal in his effort to understand the world, what Lévi-Strauss describes as an "overabundance of signifier, in relation to the signified to which this overabundance can refer."[67] The notion of the "floating signifier" had the advantage of placing meaninglessness, as the reservoir or donation of meaning, at the heart of the system of signification. But in Derrida's reading, Lévi-Strauss's nostalgia for a full, original presence left him unable to conceive the absence of center and the play of the world affirmed by Nietzsche (the domain of "the intimacy of chance"). Such was the latest formulation, in 1967, not so far from Broodthaers, of a ruse devoted to the play of language and concerned with the traces or vestiges of poetic sovereignty, carefully assembled in the field of argumentation. There was no exit, no solution, to the closure of the system, despite a few moments of enthusiasm borrowed from Foucault or Nietzsche and a few deliberate gestures of deicidal violence.

At the outset of this narrative I distinguished public things from art objects with the intent of indicating an uncertain transition, one which does not presuppose a strictly political solution to the artist's withdrawal but which does suppose the play of language (the play on words) and language as the space of play. In 1967 the ideals of Arendt and Habermas were unthinkable, unacceptable, for an avant-garde split between Marxism and structuralism, having replaced political awareness with the idea of *mise en jeu* ("bringing into play," a phrase from Bataille foregrounded by Derrida). Language was the domain, or even the refuge, of an experience of subjectivity which articulated itself in the exuberance of the signifier more than that of the imagination, even if the latter would soon aspire to the power that surrealism had promised it, with the uprising of May '68. It was precisely the study and the trial of games of power that still later would lead Foucault to move from the examination of institutional structures to the interpretation of processes of subjectivization. In 1967, the question of public space in the Habermasian sense was not yet the order of the day for artists who viewed any kind of humanism with suspicion, for whom the ideal of bourgeois humanity described by Habermas had been confiscated by the "mythology" (Barthes) of the exhibition *The Family of Man*, and for whom, finally and above all, language was irreducible to the goal of communication. The idea of infiltrating the media, as proposed by Dan Graham (with "Homes for America"), was less a search for a sphere of debate than a critical radicalization of Pop. The gap between the artistic avant-garde and political activism persisted, as a split between poetry and communication, and was exacerbated still more (particularly in America) by the modernist thesis of the artwork's autonomy, despite widespread consensus on the urgency of protest against the war in Vietnam. It was somewhat later that the model of information developed by conceptualism, and relatively well accepted by the institutions, would allow Hans Haacke to install real-time systems in the museums, operating in his own words as "double agents": "They might run under the heading 'art,'" he said in 1971, "but this culturization does not prevent them from operating as normal."[68]

In 1967 – with a few rare exceptions such as Fahlström – critical art stood apart from protest, partly through a refusal to slip into propaganda or anecdote, which have always been the two foils of antiacademic modernism. This critical art had set itself two major objectives: the overcoming of the art object as commodity, fetish, etc., and the provocation of a crisis, or a rupture, in the semiological "system." I will not return to the first objective. The second gave rise to various strategies, from the great refusal or the libertarian alternative of surrealist inspiration to the diverse forms of conceptual-type parodic imitation. In 1967 Eva Hesse, close to Sol LeWitt and Smithson, was on the side of parody, but her "eccentricity" could also be linked to surrealism (at least if the latter is not reduced to any kind of orthodoxy). Parody is a form of play; it was also a way introducing a subjective dimension excluded by the system, under the cover of play. Thus an "other," feminine subject could be expressed, by rusing with the antihumanist norm (all the more easily because the bourgeois ideal of humanity had never cut its ties to a patriarchal power structure). The nonidentical worked through repetition and opened up seriality to the play of otherness. After the humor of her *Metronymic Irregularities* (a 1966 piece in three variations), *Addendum* (fig. 11), presented in the exhibition *Serial Art* at Finch College in November 1967, combined logic and randomness, the rigor of a horizontal alignment of hemispherical figures against the wall and the irregular cascade of dangling rope, sketching meanders on the floor. Eva Hesse speaks of the "irrational flow" of the lines, and remarks: "Series, serial, serial art, is another way of repeating absurdity."[69] What she called "absurdity" was the graphic and spatial outline of meaninglessness, offering the possibility of another meaning, another subjectivity.

In a 1971 text, "The Circle," Lucy Lippard remarked that in artists such as Eva Hesse, the pictorial component of sculpture had dematerialized to take on the form of drawing. Lippard wondered about the pertinence of such "drawing or pictorial effects in real space" and proposed a significant comparison between the "predicament" of painting and sculpture, on the one hand, and that of poetry and the novel, on the other. Eva Hesse's work appeared to her as a "synthesis."[70] Now, it is precisely a synthesis of drawing and writing in space – beneath the regime of spacing and dissemination rather than that of thinghood, to take up the distinctions of Mallarmé and Blanchot – that can characterize the articulation of another subjectivity within the norms of a system, with its categorical distinctions (art/literature, painting/sculpture, etc.). Alongside the Americans mentioned by Lippard – LeWitt, Andre, and Smithson, among others – and the synthetic figure represented by Eva Hesse, one could today add other artists, other women artists, more "peripheral" and quite foreign to minimalism, who practiced in 1967 and thereafter a drawing-writing in space, often with recourse to filmic techniques or effects. Thus the hanging, translucent pages of the Brazilian artist Mira Schendel's[71] *Objetos gráficos* (fig. 12) are the three-dimensional deployment of a surface of inscription: a mental screen, intimate and public, distinct from the opacity of the painting-object. 1967 is also the date of a surrealist-inspired drawing by Maria Lassnig entitled *Intimität*, which the artist used four years later in an animated film. In 1966 Nancy Spero had given up oil on canvas for gouache on paper; through 1969 she would paint the series of *War Paintings* in reaction to the atrocities of Vietnam, followed by the famous *Codex Artaud*, bringing writing and drawing together in a spatial and "cinematic" unfolding, as she herself remarked.

In the late sixties, still other artists not mentioned by Lippard worked with this spatialization of drawing-writing outside the pictorial form, in search of a symbolic mobility which would also be a new possibility for communication, open to the political. The precursors could be found at the beginning of the decade, in a practice of assemblage extended to the environment. Allan Kaprow appears as the key figure here, with his 1961 environment *Words* – more so than Cy Twombly, even if the latter, with his chalk paintings dating back to 1954-55, had projected the speed of graffiti into the space of the blank page, enlarged to pictorial field. The *tableau* remains Twombly's limit, just as the accumulation effects of assemblage mark Kaprow's. The openings occurred elsewhere, with Fahlström and Oiticica, who were as little dependent on minimalism and conceptual art as Nancy Spero and who manifested a comparable interest in politics. The play of language and the mobility of the street, of the slogan and performance (theater, dance) form an ensemble of coordinates which the two artists shared. Fahlström was a cartographer. He reinvented the figural map which, from the late middle ages to the seventeenth century, had combined two heterogeneous modes of representation, geometric and narrative; these he put into motion in his installations. Oiticica was interested above all in an architecture of tours (the labyrinth). But both sought to multiply random associations, by provoking the spectator's participation. Shall I again speak of bricolage and mythopoetics? The latter exists in the work of both artists, but they do not aim to substitute an archaic model of cosmological integration for experimentation with the processes of subjectivization. They are modern but antirationalist geographers who conceive space as a psychic and social territory, in the manner of Aldo van Eyck.

In a text on "the appearance of the supra-sensorial in Brazilian art," published in 1968 as a continuation of the "new Brazilian objectivity" manifesto quoted earlier, Oiticica noted: "For me, in my development, the object was a passage to experiences increasingly engaged with the individual behavior of each spectator: I must insist that the search, here, is not for a 'new conditioning' of the participator, but an overturning of every conditioning in the quest for individual liberty... what Mário Pedrosa prophetically defined as 'the experimental exercise of liberty.'" Pedrosa was a Trotskyist thinker and militant, active since the twenties.[72] In his eyes, in the sixties, artistic activity could contribute to a general project of emancipation, in the framework of the anti-imperialist struggle, on the condition of admitting and transforming what he called "the dissolution of the object" (since the exhaustion of surrealist magic and the advent of the Pop simulacrum). In 1967, the general question obviously remained that of knowing how the "experimental exercise of liberty" could fit into the rationality of a political project. The Brazilians had the regional (tropicalist) alternative to the European and North American model. But what of Europe and the United States? I have already stressed the importance of the movement in support of the Third World. It was rather difficult, except perhaps for the filmmakers (Godard and Pasolini in particular), to draw "experimental" conclusions from that struggle without reproducing the nostalgia of a ritual bond. As early as 1947 Artaud had expressed a radical and clearly political suspicion, by refusing to participate in the exhibition with which Breton intended to reunite the surrealist community in the perspective of a "new myth."[73] In passing, I'll note that Duchamp created his *Salle de pluie et de dédale* for this exhibition, which anticipates the plastic spatialization of drawing in the sixties; to develop these remarks, however, I would have to return to the discussion of postwar neo-dada primitivism which I touched on at the beginning of this essay when I mentioned Rauschenberg's fetishes.

One can simply remark that since dada, the experimental exercise of liberty in avant-garde art is inseparable from a critique of rationalist norms, which always risks militating for the irrational and undercutting the very basis of critique. There is no reason to pressure artists to "be reasonable," since the critique of rationalist norms is not necessarily irrational. But the risk I have described does exist, and its effects could be measured in the thirties. What is more, since the postwar period the self-critical exercises of Western rationality had integrated an idealized exoticism which concentrated all the endogenous remainders of progress: ruins, races, vestiges, even the surplus remainders of industrial folklore and even the generic remainder: "everything else," the synonym of *etc.* at the end of an enumeration. Broodthaers was particularly lucid in this respect, not only in his critique of Beuysian magic but also in his obstinate replaying, against an integrated exoticism – in the sense of Debord's "integrated spectacle" – of what might be called a "primitive" phase of the process: the naive exoticism of Baudelaire's century, naively inscribed in bourgeois identity.

That, however, would take me too far ahead. In 1967 Broodthaers kept to a much simpler operation, redefining and resituating the man of letters. He gathered up the remains of a forgotten ideal: that of poetical rhetoric, capable of fooling authority. But the fable was shattered. After exposing himself, the poet has no other space for the ruse than the order of the letter. He is literally *au pied de la lettre* – like the fox at the foot of the tree – confronted with the Magrittean word-picture. His position resembles that of the modern painter who found himself one day, dramatically, with his "back to the wall" (*au pied du mur*), up against the obstacle of the "architectural order," as already denounced by Bataille in *Documents*. For architecture itself, as Broodthaers remarks in an article from 1962, has remained in submission to the notion of the wall, despite the transparency of glass.[74] In short, all this makes for a chain of constraints, corresponding to the enchainment of a play on words. This is the system that Broodthaers invents and deconstructs. The invention goes back to a note on Magritte from 1961, formulating this perfect analogy: "If at the foot of the wall there is the mason, at the foot of the letter there is the man of letters."[75] From here derives the whole strategy of the insincere poet: first proceed like the mason, who assembles bricks (the period of the object-assemblages); then deconstruct, replacing the mason with the man of letters and the assembled wall with the picture-screen (*Le Corbeau et le Renard*). Rather than seeking an exit from the existing system, Broodthaers played with a group of constraints formed by the reinvention of the Fine Arts system (painting-architecture-poetry) and even more importantly, the invention of an alternative norm to Pop art, around the figure of Magritte. The solution is no better than any other, but the procedure illustrates very well what a new experimental exercise of freedom can be – outside any prophecy, any promise of emancipation, and even any intent of communication, but in the critical heterotopia of a play of language.

NOTES

1. Samuel Beckett, "Peintres de l'empêchement," *Derrière le Miroir* 11-12 (June 1948); reprinted in *Bram van Velde*, cat. (Paris: Centre Georges Pompidou, 1989): 169-170.

2. Hannah Arendt, *The Human Condition* (Chicago and London: University of Chicago Press, 1958): 53.

3. See Walter Hopps, *Robert Rauschenberg: The Early 1950s*, cat. (Houston: The Menil Collection, Houston Fine Art Press, 1991).

4. See Reyner Banham, *The New Brutalism* (Stuttgart and Bern: Karl Krämer Verlag, 1966).

5. See Bearden's comments during a December 1967 round-table discussion, in Jeanne Siegel, *Artwords: Discourse on the 60s and 70s* (Ann Arbor and London: U.M.I. Research Press, 1985): 85-98.

6. See Andreas Huyssen, "The Cultural Politics of Pop," *New German Critique* (1975); reprinted in the anthology by Paul Talor, *Post-Pop Art* (Cambridge, Mass.: M.I.T. Press/Flash Art, 1989): 45-77.

7. Joseph Beuys, interview with Irmeline Lebeer, in *Cahiers du Musée national d'art moderne* 4 (Paris, 1980): 171-191.

8. Fernand Léger, *Functions of Painting*, A. Anderson tran. (New York: Viking Press, 1973): 3. [Original French edition: *Fonctions de la peinture* (1965).]

9. See the interview with Richard Estes by Richard Chase and Ted McBurnett, in "The Photo-Realists: 12 Interviews," *Art in America* (November-December 1972); reprinted in the anthology by Ellen H. Johnson, *American Artists on Art (from 1940 to 1980)* (New York: Harper & Row, 1982): 146-151.

10. See the interview with Robert Ryman by Achille Bonito Oliva, in *Domus* (February 1973); quoted by Robert Storr in "Simple Gifts," *Robert Ryman*, cat. (London: Tate Gallery / New York: MOMA, 1993): 39.

11. See the interview with Gerhard Richter by Irmeline Lebeer, in *Chroniques de l'art vivant* 36 (February 1973): 15-16.

12. Ad Reinhardt, "Art as Art," *Art International* (Lugano) 6, 10 (December 1962).

13. Michael Fried, "Art and Objecthood," *Artforum* (June 1967); reprinted in Gregory Battcock, *Minimal Art: A Critical Anthology* (Berkeley: University of California Press, 1995 [1st ed. 1968]): 116-147.

14. *Tony Smith: Two Exhibitions of Sculpture*, cat. (Hartford: Wadsworth Atheneum, November 8-December 31, 1996 / The Institute of Contemporary Art, University of Pennsylavania, November 22, 1966-January 6, 1967).

15. See Lucy Lippard, *Tony Smith* (New York: Abrams, 1972): 8.

16. Clement Greenberg, "Anthony Caro," *Arts Yearbook* 8 (1965); quoted by Michael Fried, in "Art and Objecthood," op. cit., p. 138.

17. All quotes from Godard are taken from the anthology *Godard par Godard* (Paris: Editions de l'Etoile-Cahiers du cinéma, 1985). The English translation by J. Narboni and T. Milne, *Godard on Godard* (New York: Da Capo, 1972), leaves something to be desired.

18. Allan Kaprow, "Pop Art: Past, Present and Future," *The Malahat Review* (July 1967); reprinted in the anthology by Carol Anne Mahsun, *Pop Art (The Critical Dialogue)* (Ann Arbor and London: U.M.I. Research Press, 1989): 61-74.

19. Herbert Marcuse, "The End of Utopia," *Five Lectures: Psychoanalysis, Politics, and Utopia*, J. Shapiro and S. Weber. trans. (Boston: Beacon Press, 1970): 62-82. [Original German edition: *Das Ende der Utopie*.]

20. Germano Celant, "Arte Povera - Appunti per una guerriglia," *Flash Art* (Rome) 5 (November-December 1967); reprinted in French in *Identité italienne: L'Art en Italie depuis 1959*, cat. (Paris: Centre Georges Pompidou / Centro Di, 1981): 218-221.

21. All quotes from Broodthaers have been translated from the original texts, as reprinted (except where otherwise indicated) in *Marcel Broodthaers*, cat., Catherine David and Véronique Dabin eds. (Paris: Galerie nationale du Jeu de Paume, 1991). Slightly different English translations of most of these texts will be found in *October* 42 (Fall 1987), special issue on "Broodthaers: Writings, Interviews, Photographs," Benjamin Buchloh ed., and *Marcel Broodthaers. Cinéma*, cat. (Barcelona: Fundació Antoni Tàpies, 1997)

22. Walter Benjamin, "Attested Auditor of Books," *One Way Street and Other Writings*, E. Jephcott and K. Shorter trans. (London: Verso, 1985): 62 (translation slightly modified). [Original German edition: *Einbanhstraße* (1928).]

23. For the above, see the interview with Hans van der Grinten (December 1970); published in French in *Chroniques de l'art vivant* 48 (April 1974).

24. Joseph Beuys, "Death Keeps Me Awake," interview with Achille Bonito Oliva, 1973; published in German in *Joseph Beuys zu Ehren*, cat. (Munich: Städtische Galerie im Lenbachhaus, 1986); translated into English in *Joseph Beuys in America*, C. Kuoni ed. (New York: Four Walls Eight Windows, 1990): 155-180.

25. Jerzy Grotowski, "Il n'était pas entièrement lui-même," *Vers un théâtre pauvre* (Lausanne: l'Age d'homme, 1971): 85-94.

26. The text was initially published by Galleria La Bertesca (Genoa, December 1966) and is reprinted in the anthology *Michelangelo Pistoletto: Un artista in meno* (Florence: Hopeful Monster, 1989): 12-14. English translation (slightly modified here) in *Pistoletto: Division and Multiplication of the Mirror*, cat. (New York: P.S. 1, 1988).

27. Germano Celant, in *Identité italienne*, op. cit., pp. 210-212.

28. The interview with Fabro by Carla Lonzi was initially published in *Marcatre* 19-22 (April 1966); reprinted in French translation in *Fabro: Entretiens/Travaux 1963-1986* (Paris: Art Edition, 1987): 162-164.

29. Portions of Carla Lonzi's text, including this quote, have been translated into English in *Luciano Fabro,* cat. (San Francisco: San Francisco Museum of Modern Art, 1992): 127.

30. For Carl Andre's experiments and statements of principle, see the catalogue of the Guggenheim Museum in New York, 1970, and Phyllis Tuchman, "An Interview with Carl Andre," *Artforum* (June 1970): 55-61.

31. Maurice Merleau-Ponty, *The Phenomenology of Perception*, C. Smith tran. (London: Routledge & Kegan Paul, 1962): 265. [Original French edition: *Phénoménologie de la perception* (1945).]

32. Ibid., p. 304; translation slightly modified.

33. Guy Debord, *The Society of the Spectacle,* D. Nicholson-Smith tran. (New York: Zone, 1995): 11-12. [Original French edition: *La societé du spectacle.*]

34. Michel Foucault, "Of Other Spaces," *Diacritics,* vol. 16 no 1, Jay Miskowiec tran. (1986): 22-27. [Original French edition: "Des espaces autres," *AMC* (1984).]

35. Roland Barthes, "The Structuralist Activity," *Critical Essays,* R. Howard. tran. (Evanston, Ill.: Northwestern University Press, 1972): 214. [Original French edition: "L'activité structuraliste," *Essais critiques* (1964).]

36. Johannes Cladders, quoted by Bernhard Bürgi in *Palermo: Œuvres 1963-1977,* cat. (Paris: Centre Georges Pompidou, 1985): 42.

37. The two quotes from Van Doesburg and Mondrian are reproduced side by side in *Domela: 65 ans d'abstraction,* cat. (Paris: Musée d'art moderne de la Ville de Paris / Grenoble: Musée de Grenoble, 1987): 265. The manifesto by Mondrian, "Purely Abstract Art," has been translated in *The New Art - The New Life: The Collected Writings of Piet Mondrian,* H. Holtzman and M. James trans. (Boston: G.K. Hall, 1986): 198-201.

38 All the quotes from Oiticica are taken from *Hélio Oiticica,* cat. (Rotterdam, *et alii:* Witte de With, 1992). [English and Dutch.]

39. All quotes from Smithson are taken from the anthology edited by Nancy Holt, *The Writings of Robert Smithson* (New York: New York University Press, 1979).

40. Reyner Banham, "Flatscape with Containers" (1967); reprinted in *Meaning in Architecture,* C. Jencks and G. Baird eds. (New York: Braziller, 1969).

41. Walter Benjamin, "Theses on the Philosophy of History," *Illuminations,* H Zohn tran. (New York: Schocken Books, 1969): 256. [Original German edition: "Geschichtsphilosophische Thesen" (1928).]

42. J.B. Pontalis, "L'utopie freudienne," *Après Freud* (Paris: Gallimard, 1971 [1st ed. 1968]): 98-113.

43. J.B. Pontalis, "Sur le travail de la mort," *Entre le rêve et la douleur* (Paris: Gallimard, 1977): 241-253.

44. Herbert Marcuse, "The Affirmative Character of Culture," *Negations: Essays in Critical Theory*, J. Shapiro tran. (Boston: Beacon Press, 1968): 95. [Original German edition: "Über der affirmativen Charakter der Kultur," *Zeitschrift für Sozialforschung* (1935).]

45. See Jurgen Habermas, *The Structural Transformation of the Public Sphere*, T. Burger tran. (Cambridge, Mass.: M.I.T. Press, 1991). [Original German edition: *Strukturwandel der Öffentlichkeit* (1962).]

46. See the interviews with Foucault in 1967, in *Dits et Écrits*, op. cit., vol. I, esp. pp. 585-586 and 606-609.

47. Interview with P. Caruso, ibid., p. 617.

48. Henri Lefèbvre, "The Right to the City," *Writings on Cities*, E. Kofman and E. Lebas trans. (Oxford: Blackwell, 1996): 173. [Original French edition: *Le Droit à la ville* (1968).]

49. See the group publication *Archigram* (London: Studio Vista, 1972): 64 (for the *Cushicle*).

50. See the chapter "The New Utopians," in Tomás Maldonado, *Design, Nature, and Revolution: Toward a Critical Ecology*, M. Domandi tran. (New York: Harper & Row, 1972). [Original Italian edition: *La Speranza Progettuale* (1970).]

51. Cf. Claude Lévi-Strauss, *The Savage Mind* (Chicago: University of Chicago Press, 1966): 17. "The 'bricoleur' is adept at performing a large number of diverse tasks; but, unlike the engineer, he does not subordinate each of them to the availability of raw materials and tools conceived and procured for the purpose of the project.... the rules of his game are always to make do with 'whatever is at hand,' that is to say with a set of tools and materials which is always finite and is also heterogeneous because what it contains bears no relation to the current project." [Original French edition: *La Pensée sauvage* (1962).]

52. See Claes Oldenburg, *Proposals for Monuments and Buildings (1965-1969)* (Chicago: Big Table Publishing Co., 1969).

53. Louis Marin, in *Stratégies de l'utopie*, P. Furter and G. Raulet eds. (Paris: Galilée, 1979): 126-127.

54. Michel Foucault, *Discipline and Punish*, A. Sheridan tran. (New York: Vintage Books, 1977): 194. [Originally French edition: *Surveiller et Punir* (1975).]

55. See "The Bourgeois(ie) as Concept and Reality," in Immanuel Wallerstein and Etienne Balibar, *Race, Nation, Class* (London: Verso, 1991): 135-152.

56. See the discussion in Jacques Lacan, "The Freudian Thing," *Écrits: A Selection*, A. Sheridan tran. (New York: Norton, 1977): 128-129. [Original French edition: "La chose freudienne," *Écrits* (1966).]

57. Aldo van Eyck, "A Miracle of Moderation"; reprinted in *Meaning in Architecture*, op. cit., p. 209.

58. Michel de Certeau, *The Practice of Everyday Life*, S. Rendall tran. (Berkeley: University of California Press, 1984): 117. [Original French edition: *L'Invention du quotidien* (1980).]

59. Interview with Vito Acconci by Richard Prince, in *Vito Acconci: The City Inside Us*, cat. (Vienna: MAK): 172-173.

60. The interview with Beuys by Willoughby Sharp is reprinted in *Joseph Beuys in America*, op. cit., pp. 77-92.

61. For *Hépérile éclaté*, see *Raymond Hains*, cat. (Paris: Centre Georges Pompidou, 1976): 177.

62. Theodor Adorno, *Aesthetic Theory*, C. Lenhardt tran. (London: Routledge, 1984): 184 (translation adopted). [Original German edition: *Ästhetische Theorie*.]

63. Reinhardt Koselleck, *Critique and Crisis: Enlightenment and the Pathogenesis of Society* (Cambridge, Mass.: M.I.T. Press, 1988). [Original German edition: *Kritik und Krisis* (1959).]

64. Maurice Blanchot, *Le Livre à venir* (Paris: Gallimard, 1979 [1st ed. 1951]): 345.

65. Jacques Derrida, *Of Grammatology*, G.C. Spivak tran. (Baltimore: Johns Hopkins University Press, 1974): 7. [Original French edition: *De la Grammatologie* (1967).]

66. Ibid., p. 14.

67. Claude Lévi-Strauss, "Introduction à l'œuvre de Marcel Mauss" (1950); quoted in Jacques Derrida, "Structure, Sign and Play in the Discourse of the Human Sciences," *Writing and Difference*, A. Bass tran. (Chicago: University of Chicago Press, 1978): 289-290. [Original French edition: *L'Écriture et la différence* (1967).]

68. Hans Haacke, interview by Jeanne Siegel, *Arts* (1971); reprinted in *Artwords*, op. cit., pp. 211-218.

69. Eva Hesse, quoted in the monograph by Lucy Lippard (New York: New York University Press, 1976): 96.

70. Lucy Lippard, "The Circle," *Art in America*; reprinted in *The New Sculpture, 1965-1975*, cat. (New York: Whitney Museum, 1990): 76-83.

71. For Mira Schendel, see *Inside the Visible*, cat., M.C. de Zegher ed. (Cambridge, Mass.: MIT Press, 1995): 233-237, 292-293.

72. See the presentation of Pedrosa by Catherine Bompuis in *Interlope* 13 (Nantes 1995): 76-83.

73. Artaud's letters to Breton in February-March 1947 were published in *L'Ephémère* 8 (Winter 1968).

74. Marcel Broodthaers, "Le mur de Fernando Lerin," *Journal des Beaux-Arts* (April 1962); reprinted in *Marcel Broodthaers: Le Maçon*, cat. (Brussels: Fondation pour l'architecture, 1991): 91.

75. *Marcel Broodthaers: Le Maçon*, op. cit., p. 51.